불굴과 도전의
정주영의
5가지
경영 정신

불굴과 도전의
정주영의 5가지 경영 정신

초판 1쇄 인쇄 | 2015년 1월 23일
초판 1쇄 발행 | 2015년 1월 30일

지은이 | 전도근
펴낸이 | 박영욱
펴낸곳 | (주)북오션

경영총괄 | 정희숙
편   집 | 지태진
마케팅 | 최석진
표지 및 본문 디자인 | 서정희
법률자문 | 법무법인 광평 대표 변호사 안성용(02-525-3001)

주   소 | 서울시 마포구 서교동 468-2
이메일 | bookrose@naver.com
페이스북 | bookocean
전   화 | 편집문의: 02-325-9172   영업문의: 02-322-6709
팩   스 | 02-3143-3964

출판신고번호 | 제313-2007-000197호

ISBN 978-89-6799-191-3 (03320)

불굴과 도전의
정주영의
5가지
경영 정신

전도근 지음

북오션

이 책은 넘치는 자원을 가지고도 성공에 이르지 못하는 사람, 부족한 자원을 가지고 있어 위축되어 있는 사람, 꿈을 잃어버려 새로운 비전을 갖고 싶은 사람, 창조력을 배우고 싶은 사람, 자신감을 상실하여 암울한 인생을 사는 사람들에게 한국인의 '끝없는 도전'과 '마르지 않는 열정'의 존재를 다시 한 번 일깨워주기 위해 집필하였다.

왜 다시 정주영인가?

올 2015년은 해방 70년, 대한민국 건국 70년이 되는 의미심장한 해다. 해결해야 할 산적한 문제가 많겠지만 국외적으로는 한일간의 소원해진 관계 회복과 북한의 돌출 위협 등 우리가 넘어야 할 안보 현실과 국내적으로는 장기 저성장의 경제 불황의 늪을 탈출해야 한다.

특히 저성장으로 접어든 침체된 경제는 도약을 위한 우리 경제의 골든타임의 시기로 보고 있다.

이런 침체된 경제불황의 긴박한 현실은 도전과 불굴의 상징인 정주영식 경영 정신을 그리워하게 한다.

올해는 ㄱ 정주영 회장 탄생 100주년이 되는 해다. 60~70년대 농경 사회의 가난이 밑천이던 척박한 현실, 누구도 불가능할 것 같은 악조건에도 맨주먹으로 부딪치며 하나하나 경제개발을 이룬 정주영 회장의 경영의 혼은 지금, 위기의 우리에게도 많은 가르침과 교훈을 던져주고 있다.

인류 역사를 돌이켜보면 풍족하고 넘치는 것보다 부족하고 열등한 것이 더욱 강력했으며, 우리에게 힘이 되어주었다. 부족함을 인식하고 이를 개선하려는 노력이 에너지를 만들고, 경쟁력을 키워 발전에 이르게 하는 것이다. 부족한 사람, 부족한 기업, 부족한 나라들은 자신들의 부족함을 에너지로 전환해 위기를 극복하고 새로운 자원을 만들어 창조적인 성공 모델을 일구기 위해 노력한다.

자원이 없는 대한민국이 살길은 오직 수출뿐이라며 태국의 나라티왓 고속도로 공사를 기적적으로 따내고, 세계에서 가장 단기간 내에 고속도로를 만든 사람, 큰 바다를 메워 농토로 바꾸고 포니자동차를 만들어 자동차의 메카인 미국에 당당히 진출한 사람, 그가 바로 정주영이다. 그를 거론하지 않고 한국 근대사와 경제를 이야기하는 것이 과연 가능한 일일까?

한 조사에 따르면 CEO의 중요한 덕목으로 결단력, 성실성, 도전정신, 친화력, 카리스마 등을 꼽는다. "나는 현대를 통해서 기업이 할 수 있는 모든 일을 해냈다"고 말할 정도로 기업인으로서 많은 일을 해낸 그는 위의 덕목들을 가장 잘 소화시키고 실천한 사람이다.

이 책은 많은 사람들이 한국 경제의 철학적 부재로 인해 혼동과 어려움에서 헤어나오지 못하고 있는 이 시점에 국가발전이라는 원대한 '목표'를 설정하고 묵묵히 앞으로 나아갔던 정주영과 현대의 경영정신을 본받아야 한다는 데서 출발했다. 오늘날 미국이 세파에 흔들리는 것은 그 나라의 개척정신이 사라지고 있기 때문이다. 따라서 우리도 과거 살기 좋은 나라를 만들기 위해 발버둥쳤던 현대의 강인한 정신을 계승, 승화시킬 필요가 있다.

우리는 지금까지 우리가 가진 장점을 생각하기보다는 일본이나 미국의 장점을 이용해 우리 것으로 흉내내왔다. 그래서 도요타 경영, 두바이 경영, 스타벅스 경영을 배웠고, 잭 웰치, 스티븐 코비, 피터 드러커의 리더십을 배우기 위해 수많은 책을 읽었다. 물론 그들에게 배운 것을 애써 부인하지는 않겠다. 다만, 그보다는 우리만의 경영과 리더십이 더 큰 역할을 했으며, 거기서 비롯된 한국식 경영정신에 대해 다시 한 번 돌아볼 때가 아닌가 생각한다.

이 책은 한 사람의 전기가 아니라 '현대'라는 기업과 대한민국을 살리고자 했던 정주영의 뚜렷한 목표의식과 그의 리더십에 대해 배우고자 집필했다. 우리는 지금 전 세계적으로 겪고 있는 경기 불황의 어두운 터널을 지나고 있다. 이러한 시기에 한국 경제를 일으키는 데 큰 역할을 담당했던 정주영 리더십은 오늘날 한국 기업들이 겪고 있는 고민을 해결할 수 있는 가장 효과적인 방법이다.

동시에 어려운 현실 속에 놓인 사람들에게 희망과 비전을 주는 일이기도 하다. 이 시대는 그 어느 때보다 빠르게 변화하고 수많은 정보로 뒤덮여 있어 가치관의 혼란이 더욱 심화되고 있다. 이러한 때에 사람들은 시대의 변화를 읽어내는 통찰력과 위기를 기회로 만드는 새로운 리더와 인재를 갈망하고 있다. 신화를 이룩한 정주영의 리더십을 통해 우리가 나아가야 할 방향에 대해 함께 고민해보도록 하자.

전도근

1 무無에서 유有를 만드는 창조정신

2 불가능을 가능으로 살리는 도전정신

5 정주영에게 배워야 할 기업가정신

"

어떤 이들은 한국의 경제성장에 대해 '한강의 기적'이라고 말하지만
나는 경제에는 기적이 있을 수 없다고 확신한다.
우리의 성장은
온 국민의 진취적인 기상, 개척정신, 열정적인 노력으로 이뤄진 것이다.
_ 1983년 정주영

"

무無에서 유有를 만드는 창조정신

1

의식이 유동적인 사람들은 자유로운 사고와 창조적인 생각을 즐긴다. 여기서 말하는 창조란 남들이 생각하지 못한 참신하고 획기적인 사고의 바다이다. 또한 이제까지 없었던 것을 새로 만들거나, 기존의 것을 한 번 더 생각하여 확장하는 힘이다.

어른과 아이에게 똑같이 종이 한 장을 주며 그림을 그리라고 했다고 하자. 두 사람의 반응은 대체적으로 다음과 같다. 어른들은 "뭘 그려요?"라고 묻고, 아이들은 "아무거나 그려도 되죠?"라고 묻는다. 이것은 과연 무엇을 뜻하는 것일까? 어른은 의식이 고정되어 있는 반면, 아이의 의식은 유동적임을 뜻한다. 그렇다고 해서 어린 아이들만이 창조적이고 어른들은 그렇지 못하다는 것은 아니다. 단, 어른들은 오랫동안 한 울타리 안에서 똑같이 보고 배우면서 자기도 모르게 창의성을 잃어가기 때문에 아직 자신의 틀에 갇혀 있지 않은 아이들에 비해 창의성이 떨어진다.

우리가 사는 공간에 새로운 것은 없다. 매일매일 쏟아져 나오는 새로운 것들을 모두 만나기도 어려울 뿐더러, 내 손으로 남들과 다른 것을 만들어내기도 어렵다. 그런데 어느 분야를 막론하고 21세기 키워드는 '창의성creativity'이다. 아니, 이것은 시대를 뛰어넘어서 해당되는 말이다. 구석기 시대의 주먹도끼보다 청동기문화를 바탕으로 성립된 고조선의 비파형 동검이 얼마나 획기적인 발전이었겠는가? 이처럼 역사적 도약은 어떤 이의 독창적인 생각에서 출발한다. 즉, 창의성이란 다양한 생각이 몰고온 위대한 결과물이자, 고정관념이라는 알을 깨고 나온 새로운 생명체와도 같다.

의식이 고정되어 있는 사람은 창조적인 생각을 하기 어렵다. 이런 사람들은 오로지 사회의 규범 안에서 생각하고 기존의 틀 안에 갇혀 있다. 반면 의식이 유동적인 사람들은 자유로운 사고와 창조적인 생각을 즐긴다. 여기서 말하는 창조란 남들이 생각하지 못한 참신하고 획기적인 사고의 바다이다. 또한 이제까지 없었던 것을 새로 만들거나, 기존의 것을 한 번 더 생각하여 새롭게 만드는 힘이다.

우리 민족은 남다른 역동성과 뛰어난 창조력으로 세계의 주목을 받는 중진공업국가로 우뚝 섰다. 아무것도 가진 것 없이 이만큼 성장할 수 있었던 원동력은 남다른 교육열로 무장된 인적자원과 함께 놀라운 창의력에 있다. 무無에서 유有를 창조했던 정주영을 통해 우리를 일으켜 세웠던 창의적 사고방식에 대해 함께 알아보자.

고정관념을
가장 먼저 버려라

당신을 지금처럼 생각하고 행동하게 만드는 것은 대체 무엇일까? 어떤 대상에 이끌려 끊임없이 나의 의식을 지배하고 있는 것은 무엇일까? 이것의 주범은 바로 '고정관념' 이다.

고정관념은 회사업무를 비롯해 사회적 인맥관계를 맺는데 있어서 걸림돌로 작용한다. 일상적인 생각, 즉 틀에 박힌 생각만 갖고서는 미래지향적인 사고를 하기가 어렵다. 특히 급변하는 사회에 적응하기 위해서는 창의적인 사고가 필수이다. 남들과 똑같이 생각하는 순간 사회에서 어필할 수 있는 것 하나를 잃는 셈이 된다.

고정관념을 버리는 것은 생각보다는 쉽다. 자신이 가지고 있는 관습적인 사고에서 벗어나 다른 방식으로 사물을 바라보는 것이 첫 시발점이다. 백신 프로그램을 개발한 안철수 씨는 전직 의사이다. 그가 자신의 현 직업에 만족하고 안주했다면 결코 백신프로그램을 개발할 수 없었을 것이다. 이처럼 창조성은 보다 자유롭게 자신의 생각을 확장시켜 나가는 일이다. 그러나 대부분의 사람들이 창의성을 갖지 못하는 이유는 할 수 없다는 고정관념에 사로잡혀 있기 때문이다. 따라서 무엇이든 할 수 있다는 생각만 있다면 자신이 생각하는 만큼 가능성이 큰 세상을 만날 수 있다.

정주영의 고정관념 깨기는 그의 일생 동안 멈추지 않았다. 만약 정주영이 고정관념에만 사로잡혀 있는 인물이었다면 그는 한국 현대사에서 거론되지 못했을 것이다. 또한 가난한 농부 집안의 장남으로 태어난 그가 자신의 생활에 안주했다면, 한국사에 '현대'라는 이름 역시 오르지 못했을 것이다. 그러나 그는 열심히 일을 해도 입에 풀칠하기도 힘든 현실에서 벗어나기 위해 죽자고 일해 쌀가게 주인이 되었고, 정신없이 달려 건설회사를 세웠으며, 결국 현대그룹의 창시자라는 자리에까지 올랐다.

혹시 그가 살았던 시대는 첨단적인 시설이 전무했던 시절이기 때문에 조그만 노력해도 무엇이든 이룰 수 있었다며 반론을 제기하는 사람이 있을지도 모른다. 또한 돈만 있으면 무엇이든지 구입이 가능한 완벽한 디지털 시대인 현 시대에는 정주영처럼 성공할 수 없다고 핑계를 대는 사람도 있을 것이다.

그러나 그런 생각을 한다는 것 자체가 고정관념이다.

생각해보자. 지금은 돈이 없어도 재능만 있으면 인터넷 쇼핑몰을 차릴 수 있고(10대에 재벌이 된 인물도 있다), UCC를 통해 자신의 가능성을 세상에 얼마든지 표현할 수 있는 세상이다.

그러나 정주영이 태어난 1900년대는 일제강점기와 한국전쟁의 발발로 자신의 노력보다는 역사에 의해 인생이 정해질 수밖에 없는 시대였다. 정주영은 아무리 노력해도 입에 풀칠하기 어려운 상황에서 벗어나 오직 살기 위해 장사를 시작했고, 우여곡절 끝에 사업을 하게 되었다. 강원도 촌놈으로 태어난 사람이 사업을 한다는 것은 어떤 의미일까? 그것은 무에서 유로 가는 어렵디어려운 과정이다.

"세계 최대의 조선업체인 현대중공업은 고정관념에서 탈피해 새로운 방식으로 육상에서 선박을 건조해냈으며, 이러한 아이디어와 기술력으로 한국 조선사업이 사상 최대의 호황을 맞고 있다."

이 말은 2004년 현대중공업이 육상에서 배를 건조하는 방법을 개발한 것에 대한 세계 각 언론사들의 뜨거운 반응들이었다. 물론 이 일은 그가 고인이 된 후에 이루어진 일이지만, "내 존재는 없어

져도 내 사업은 계속될 것이다"라는 그의 강렬한 예언이 이뤄진 셈이다.

고정관념을 버리고 새로운 것에 도전하는 것은 누구에게나 두려운 일이다. 그러나 자신의 현 상황에 안주하기만 한다면 새로운 것을 얻을 수 없으며 시대의 변화에 뒤처질 수밖에 없다.

정주영은 자신이 하고 있는 일은 물론, 그보다 한 걸음 더 앞으로 나아가고자 했다. 결코 멈추지 않는 그의 머리와 가슴은 언제나 고정관념에서 벗어나 불가능한 것에 도전하기를 좋아했다. 그가 현대중공업, 현대자동차, 현대조선소에 이르기까지 그 시대에 맞게 끊임없이 변할 수 있었던 것은 현재 자신의 모습에 만족하지 않고 스스로를 고정된 틀에 가두지 않았기 때문이다.

역발상으로
앞서가라

역발상이란 상식을 깨는 새로운 패러다임으로 사물을 보는 시각이다. 즉, 남들과 똑같이 생각하지 않고, 다른 시각에서 생각하고 역발상적인 사고를 통해 좀 더 발전하는 것이다.

일본의 한 레스토랑 체인업체는 도쿄 중심지에 500평에 달하는 대규모 물류센터를 만들었다. 보통 물류센터는 땅값이 싼 곳에 세우는 것이 일반적이다. 그러나 이 레스토랑은 도심에 물류센터를 마련하여 배송시간과 물류비용을 타 업체들의 절반 수준으로 낮춤으로써 경쟁력을 갖게 되었다.

그렇다면 정주영은 어떤 역발상적인 사고를 통해 '현대'를 키우는 발판을 마련할 수 있었을까?

　역발상의 사고능력을 기르는 방법은 의외로 간단하다. 어떤 사물을 볼 때 눈으로 보이는 것만 보지 말고 그 사물을 가지고 다양한 사고를 해보는 것이다. 어떤 사물이든 왜 저렇게 생겼을까?, 다르게 생기면 안 될까?, 다른 곳에 사용하면 안 될까? 등 하나의 사물을 가지고 여러 가지 생각을 해보는 것이다.

　예를 하나 들어보자. 동그란 수박을 보고서 왜 수박은 둥글까?, 네모나 세모 모양으로 만들 수는 없을까?, 수박을 과일로 먹지만 말고 과자로 얼려서 먹는 방법은 없을까?, 수박을 다 먹고 모자나 가면으로 활용할 수 있는 방법은 뭘까? 하는 등의 생각을 해보는 것이다. 이런 의문점을 가지다 보면 사고능력이 자연스럽게 길러지고, 역발상적 사고방식이 점점 생기게 된다.

　정주영은 역발상의 소유자임에 틀림없다. 그의 역발상 사례는 수도 없이 많지만 유엔군 묘지를 보리밭으로 덮은 사건은 다른 사람으로서는 도저히 상상조차 불가능한 일이었다.

　현대건설 주식회사라는 이름으로 새 출발을 하고 얼마 되지 않았을 때의 일이다. 한국전쟁으로 인해 어쩔 수 없이 부산으로 피난을 간 정주영에게 갑자기 유엔군 사령부로부터 긴급 연락이 왔다.

　"부산의 유엔군 묘지에 세계 각국의 유엔군 사절들이 방문하기로 되어 있는데, 나무 한 그루, 풀 한 포기 없이 묘비만 덩그러니 있어 너무 썰렁하오. 그곳에 잔디를 깔 수 있겠소?"

유엔군 사령부는 한겨울에 잔디를 구하는 것이 어려운 일인 줄 알면서도 10만 명이나 되는 미군 병사들의 숙소를 일주일 만에 만들어낸 정주영이라면 이를 해결해줄 수 있을 것이라 믿었다.

천하의 정주영도 난감하기는 마찬가지였다. 그러나 그 순간 발휘된 역발상! 그는 무조건 파란 풀밭으로 만들어주면 되느냐고 되물었고, 사령부 측에서 제시한 공사비의 3배를 요구했다. 사정이 다급한 쪽은 유엔군 사령부였고 한 치의 망설임 없이 정주영의 요구를 즉각 수락했다.

정주영은 즉시 트럭 30대를 끌고 낙동강 근처에 있는 보리밭으로 갔다. 그는 보리밭 주인에게 보리를 팔라고 설득했고, 이제 막 파란 새싹을 내민 보리를 몽땅 떠서 트럭에 실었다. 그리고 곧장 유엔군 묘지로 달려가 보리를 옮겨심기 시작했다. 한겨울 황량하기만 했던 유엔군 묘지는 불과 며칠 만에 푸른 보리밭으로 변했다.

미군은 황량한 무덤에서 초록의 언덕으로 바뀐 유엔군 묘지를 보고 감동했고, 정주영의 역발상을 높이 평가했다. 그후 현대는 미군의 크고 작은 일을 도맡아 하기 시작하면서 성공의 발판을 다질 수 있었다.

한겨울 초록 풀밭! 지금 같으면 일도 아니겠지만, 한국전쟁 직후 폐허가 된 땅에서는 상상조차 어려운 일이었다. 어쩌면 공사도 하기 전에 깨끗이 포기했을 일이다. 그러나 정주영은 처음부터 '하면 안 될 것이 없다'는 생각으로 똘똘 뭉쳐 있는 사람이었다. 비단 그가 이뤄낸 성공의 씨앗은 남들이 했던 생각이나 행동과는 다른 것이었다.

성공을 위해서는 기존의 고정관념을 버리고 반대로 생각해보는 습관을 기르는 것이 중요하다. 하면 된다는 것과 무조건 안 된다고 생각하는 사람의 창의력은 하늘과 땅 차이다. 이러한 생각의 출발점에서 제대로 된 역발상이 나오는 것이다.

발상의 전환으로
도전하라

많은 사람들이 창의적인 사고가 똑
똑한 사람에게서 나온다고 하지만
발명의 왕 아인슈타인은 "천재는 99퍼센트의 노력과 1퍼센트의
영감"으로 이루어진다고 말했다.

창의적인 사고는 흐르는 물과 같다. 고여 있는 물이 썩어 죽은
물이 되듯 사람의 사고도 끊임없이 흘러야 새롭게 태어날 수 있
다. 창의적인 사고란 끊임없이 생각하는 과정 중에서 생긴다.

80년대 초, 정주영이 서산 앞바다에 방조제를 지어서 간척지를
개간할 때였다. 방조제를 만들던 중 마지막 물막이를 막는 공사가

진행 중이었는데, 그때 서해안은 조수간만의 차이로 급류가 무척 거센 상태였다. 적어도 20만 톤 이상의 돌로 막아야만 물을 막을 수 있었다. 하지만 큰 돌을 바다 속에 넣고 또 넣어도 물살을 견디지 못하고 곧 떠내려갔다. 직원들은 세찬 급류를 이길 만큼 큰 돌을 구하는 것도 문제지만 그 큰 돌을 이동하는 것도 어려운 일이라고 생각해 거의 포기하는 분위기였다.

그러자 정주영이 한 가지 제안을 했다.

"간척지 최종 물막이 공사는 인력으로는 감당하기 어려운 공사고, 설사 인력으로 한다고 해도 그 엄청난 비용이 문제지. 울산에 정박해놓은 워터베이호를 끌고 오자. 그거라면 물을 막을 수 있을 거야."

한 번 내뱉은 말은 일사천리로 진행되었다. 결국 정주영은 노후한 유조선을 이용해 엄청난 물을 막아 둑을 완성했고, 그만이 할 수 있었던 이 공법에 훗날 정주영 공법(유조선 공법)이라는 이름이 붙여졌다. 이 공법은 뉴스위크지와 타임지에도 소개되었고, 세계적인 철 구조물 회사에서 자문을 구해오기도 했다.

그 밖에도 정주영만의 새로운 발상이 빛을 발했던 일은 한두 가지가 아니었다.

한번은 대북사업을 성공적으로 마치고 금강산 앞에 호텔을 짓게 되었다. 김정일 위원장이 정주영에게 이왕 호텔을 짓는 김에 그 앞에 서커스장도 만들었으면 좋겠다고 요청을 했다. 정주영은 이를 흔쾌히 승낙했다.

그런데 때는 1월, 금강산 호텔 앞 온도가 무려 영하 40도까지 내려가서 레미콘의 물이 얼어 공사를 진행하는 것은 더 이상 불가능했다. 현대 직원들은 겨울에 공사를 할 수 있는 공법을 열심히 연구했지만, 도무지 찾을 수 없었다. 현대건설은 결국 전 세계에 있는 내로라하는 건설 기술자들에게 추운 날씨에 건설할 수 있는 방법을 묻는 편지를 보냈다. 그러나 그들은 약속이나 한듯 불가능한 일이라는 내용의 편지만 차례로 보낼 뿐이었다. 가장 추운 나라 러시아에서조차 "겨울에는 못 짓는다"라고 잘라 말했다.

정주영에게 공사가 불가능하다는 것을 보고하자, 그는 심사숙고한 끝에 이렇게 지시했다.

"그럼 비닐하우스를 씌우고 공사하면 되잖아. 아예 두 겹으로 비닐하우스를 만들어."

세계적인 건축 전문가들은 전통적으로 해왔던 건축공법에서 해결책을 찾느라 고심했지만, 정주영은 한국의 농사법에 착안해 '비닐하우스 공법'으로 공사를 성공적으로 끝마칠 수 있었다.

창의적인 생각이나 기발한 발상은 고정관념을 버리고 다른 것과의 결합을 통해서 이루어진다. 따라서 항상 유동적인 사고와 외부의 새로운 자극이나 경험을 통해 "어떻게 하면 더 나아질까?", "어떻게 하면 더 빨리할 수 있을까?", "어떻게 하면 더욱 효과가 있을까?", "어떻게 하면 남들과 다를 수 있을까?"에 대해 고민한다면 당신에게 숨어 있던 창조성이 깨어날 것이다.

전문성이 강한 분야에서 일하다 보면 한 가지 생각에만 몰입한 나머지 정해진 틀 안에서만 사고를 하는 경우가 많다. 그래서 오히려 전문성을 갖고 있는 사람들이 창의력을 꽃피우지 못하는 경우가 많다. 정주영은 정해진 틀 속에 갇히지 않기 위해 끊임없이 생각하고 행동하는 습관을 가진 사람이었다.

04

의심하면 의심하는 만큼밖에 못하고, 할 수 없다고 생각하면 할 수 없
는 일이 된다.

긍정적으로
생각하라

"Dreamisnowhere"를 해석해보
라. 어떤 이는 이 문장을 "Dream is
now here(여기 꿈이 있다)"라고 말하고, 또 어떤 이는 "Dream is
no where(꿈은 어디에도 없다)"라고 말한다. 말장난을 하자는 말이
아니다. 힘들고 어려운 상황은 누구에게나 온다. 하지만 그것을
긍정적으로 보면 그것은 정말로 긍정적으로 변하고, 또 한 번 생
각하면 기회로 보인다.

남산 밑에 있는 지금의 아시아나항공 건물은 전국경제인연합회
가 여의도로 옮기기 전까지 썼던 빌딩이다. 이 빌딩을 지을 당시

정주영은 전경련 회장을 맡고 있었다. 전경련에 자체 건물이 필요하다고 주장한 사람도 그였고, 빌딩을 건립하는 데 드는 자금 확보와 공사의 대부분도 현대건설이 주도했다.

당초 이 건물은 20층 규모로 설계되었으나, 고도 문제 때문에 신축 허가가 떨어지지 않았다. 만약 건물을 20층으로 올릴 경우 남산 중턱에 항공 방위를 위해 설치해놓은 고사포대의 사계射界를 가리기 때문이다.

서울 한가운데 위치한 남산은 국토방위의 상징이었다. 당시에는 군 작전상 서울타워 전망대를 시민에게 공개하지 않던 시절이었던 만큼, 군사시설과 관련된 규정이 엄격하기 이를 데 없었다. 때문에 현대건설 실무자들은 전경련 빌딩의 신축 허가를 얻기 위해 행정기관과 군부대, 관련단체 등을 쉴 새 없이 찾아다녔다. 하지만 모두 '불가'라는 말만 돌아올 뿐이었다.

결국 현대 직원들은 남산 밑에 20층짜리 건물을 세울 수 없게 된 경위와 그와 관련한 자료와 법령 등이 포함된 보고서를 제출했고 다른 지역의 부지를 찾아보는 것이 현명하다고 말했다. 그러나 그 무엇도 정주영을 막을 수는 없었다. 주변의 만류에도 불구하고 그곳에 꼭 20층 건물을 짓겠다고 선언하고 나선 것이다. 허나 직원들은 이미 남산에 전경련 회관을 세우는 것은 불가능하다는 결론을 내렸고, 10층 이상의 건물을 지으려면 부지를 옮기는 방법밖에 없다고 생각했다. 직원들은 하나같이 회장을 설득하기에 이르렀다.

그러자 정주영은 오히려 그들에게 제안을 했다.

"이 사람들, 참 한심하군. 포대 사계를 가려 건물을 못 짓는다면 포대를 20층 건물보다 더 높은 곳으로 옮기면 될 게 아닌가? 포대야 높으면 높을수록 좋은 거잖아. 군 당국에 다시 건의해봐. 우리가 포대를 위치 좋은 곳으로 옮겨서 멋지게 지어주겠다고!"

결국 전경련 회관은 정주영의 고집대로 남산 밑에, 포대는 더 높은 곳으로 옮겨 더 튼튼하게 지어졌다. 감시를 하려면 높은 곳일수록 좋으니 군부대에서도 마다할 이유가 없었다.

이렇게 무슨 일을 하든지 부정적인 시각으로 일을 시작하면 모든 것은 부정적이 되어 결과도 실망스럽다. 그러나 무슨 일이든 긍정적으로 보고 일을 하면 모든 일이 긍정적으로 되어 하는 일이 모두 잘되고 좋은 결과를 가져올 수 있다.

어떤 사람은 99개를 가지고 있으면서도 1개가 부족하다고 생각하지만, 어떤 사람은 1개만 가지고 있어도 없는 것보다 낫다고 생각한다. 실패한 사람은 안 되는 이유만 찾고, 성공하는 사람은 할 수 있는 방법을 찾는다는 말이 있다.

누구에게는 불가능하고 누구에게는 가능한 이유는 바로 긍정적인 마음을 갖느냐 갖지 않느냐의 차이에서 비롯된다. 따라서 창의력을 높이기 위해 모든 일에 대해 긍정적으로 생각하고 시작한다면 문제에 대한 답이 보이고, 그에 따라 창의력도 생길 것이다.

05

모든 일의 성패는 그 일을 하는 사람의 사고와 자세에 달려 있다.

하면 된다는
생각을 가져라

나이키의 창업자 필 나이트Phil Knight
회장이 내세운 회사 5대 강령은 무
엇일까? "Just do it", "지독해야 한다. 하지만 규칙은 지켜라",
"반드시 이기려고 해야 한다", "올림포스의 신들을 따르기 위해
열심히 노력하라", "결코 다른 신을 섬겨서는 안 된다"이다. 특히
그들은 "신발 가게는 망해도 나이키는 망하지 않는다"는 말을 만
들어 퍼트리며 "Just do it(하면 된다)"의 힘을 전 세계로 전염시킨
일등공신이다.

"무일푼에서 세계 최고의 현대중공업을 일군 아산의 추진력이

믿어지지 않는다. 한국 경제사를 더 심도 있게 연구하고 싶다."

이는 정주영을 기리기 위해 만든 '아산 기념 전시실'을 찾은 쿠오카대 리사 다카미 씨의 말이다. 그의 도전정신과 개척정신은 이미 전 세계적인 브랜드로 떠오르고 있으며, 기업가들은 물론 일반인들도 창조적 도전자로 평가받고 있는 그를 배우기 위해 몰려들고 있다. 그렇다면 그의 정신 한가운데에는 어떤 기둥이 서 있을까? 바로 '하면 된다'는 정신이다.

항간에 현대와 삼성을 비교하는 말들이 떠돈다. 하나의 일을 처리하는 데 있어서 삼성은 100여 장의 보고서를 만들고, 현대는 1장의 보고서만 만든다고 한다. 이 말은 두 기업의 장단점을 꼬집는 말이 아니라, 대표적인 경영 스타일을 꼬집는 말이다. 현대의 경우, 많은 생각과 연구 끝에 일을 시작하기보다는 실용적인 것을 우선시 하고 일단 계획을 세우면 밀고나가는 경영방식을 우회적으로 설명하고 있는 듯하다. 이는 '하면 된다'를 뛰어넘어 '안 되면 되게 하라'는 정신이 그대로 반영되어 있다.

정주영의 '하면 된다'는 세계 고속도로 건설 역사상 최단기간에 완공된 경부고속도로에서도 여실히 드러난다. 당시 서울과 부산을 잇는 429킬로미터의 공사에 처음 불씨를 지핀 사람은 바로 박정희 대통령이다. 박 대통령이 태국에 고속도로를 닦고 월남에서 건설을 몸소 경험한 정주영을 부른 것은 어쩌면 당연한 일이었다.

으슥한 밤 청와대 서재로 불러 손으로 지도를 짚어가며 고속도로
에 대한 원대한 꿈을 토해냈던 것도 자신의 생각에 동조해줄 이가
많지 않다는 것을 알고 있었기 때문이다. 또 그 뜻을 안다고 해도
국고의 손실을 최소화하여 공사를 이끌 사람, 즉 시간을 줄이되
완벽한 도로를 닦을 수 있는 사람이 얼마나 되겠는가!

"늦어도 내년 초에는 착공해야 합니다."

정주영은 그 말을 듣고 곧장 대통령이 짚어준 길을 따라 사전조
사를 했고, 공사에 들어갔다. 하지만 큰일을 치를 때는 언제나 그
렇듯 반대하는 사람들이 꼭 있다. 그러나 박 대통령은 고속도로
의 건설 의지를 굽히지 않았고 정주영 역시 마찬가지였다.

정주영이 경부고속도로 건설을 맡은 것은 국가를 발전시키겠다
는 대통령의 순수한 열정에 감동받아 이를 꼭 실현시켜주고 싶은
생각에서 시작했는지도 모른다. 그러나 경부고속도로 건설을 성
공적으로 이룰 수 있었던 것은 '하면 된다'는 정주영의 평소 생각
에서 나온 것이다. 하면 된다는 생각과 그 방법을 찾다 보니 창의
적인 생각이 떠오르고, 결국은 공사기간을 대폭 단축할 수 있었던
것이다. 주변 사람들의 수많은 비난과 불가능하다는 이야기도 뒤
로 하고 오직 하면 된다는 생각이 모든 난관 속에서도 길을 열어
준 것이다.

정주영은 경부고속도로 시공 후 잠을 거의 자지 못했다. 바닥에

등을 붙이고 자는 날이 거의 없을 정도였고, 자동차에서 잠깐씩 새우잠을 자는 것이 고작이었다. 직원들 입장에서는 너무한 일이 었지만 그들의 게으름을 막기 위해 일부러 자동차를 타고 공사장 주변을 뱅뱅 돌기도 했다. 고속도로에 대한 열의는 박 대통령도 못지않았다. 고속도로에 관한 얘기를 하고 싶으면 시도 때도 없이 밤중이든 새벽이든 그를 찾아왔다. 밥을 먹을 때도, 막걸리를 나눠 마실 때도 그 둘의 관심사는 오직 나라의 경제를 살리는 것 뿐이었다.

그렇게 해서 착공한 지 290일 만인 1970년 7월에 역사적인 경부고속도로 개통이 시작되었다. 290일 만의 고속도로 건설은 세계적으로도 유례없는 일이었다.

간혹 한국의 '빨리빨리 문화'에 대해 섣불리 욕하는 사람들이 있다. 하지만 그 '빨리'에는 여러 가지 노력과 땀이 배어 있다. 정주영이 단지 빨리하기에만 몰두했다면 세계시장에서 성공할 수 있었을까? 그는 빨리하기 위해 누구보다 부지런했으며 일을 완수하기 위해 잠도 자지 않았다. 이러한 그의 노력은 다른 사람들에게는 절대로 안 되는 일을 '하면 되는 일'로 바꾸었다.

돈이 있는 사람이든 없는 사람이든 인생을 살다보면 난관에 부딪치기 마련이다. 그런 면에서 하늘은 모두에게 공평하다는 얘기가 나오는 것이다. 단지 난관에 부딪쳤을 때 어떠한 생각으로 대처하느냐가 그 사람의 운명을 바꿔놓는 계기가 된다. 정주영의 명언 중 "해보기나 해봤어?"라는 말이 있다. 이 말은 많은 사람들이 해보지도 않고 실패할 것이라는 두려움에 스스로의 운명을 개척하려 하지 않고 자포자기한 나머지, 자신의 가능성을 놓쳐버린다는 의미를 내포하고 있다.

정주영은 "된다고 생각하는데 이 세상에 안 될 일이 없다"는 단순한 진리를 가지고 있는 사람이었다. 그에게는 어떤 어려움도 성공을 막는 장애가 되지 못했다. 어려움은 오히려 문제를 해결하고자 하는 의지를 자극하는 촉진제였다.

다양한 경험을
쌓아라

사람들은 매스컴에 등장하는 화려한 이들을 부러워한다. 그들은 대개 큰 부를 얻었거나, 사회적으로 명예를 얻은 자들이다. 하지만 우리가 부러워해야 할 것은 그들의 빛나는 성공이 아니라, 그 자리에 오르기까지 겪은 수많은 경험들이어야 한다. 정주영의 성공 뒤에도 수많은 실패의 경험들이 있다. 단지 실패를 성공의 발판으로 삼았다는 것이 다른 점이다.

얼마 전 신문기사에서 정주영이 세운 고령교가 대운하의 건설 여하에 따라 철거될지도 모른다는 소식을 듣고 쓸쓸함을 감추지 못했다. 물론 아직 확정된 것은 아니지만, 역사의 한 조각이 영원히 우리 곁에서 사라질까 두려운 것도 사실이다.

고령교는 정주영에게 의미 있는 다리이다. 전쟁 직후인 1953년 정부는 대구와 거창을 잇는 고령교의 복구를 서두르고 있었다. 젊은 정주영은 큰 포부를 가지고 그 공사에 도전했고 곧 공사에 들어갔지만, 늘 자신만만했던 그가 보기에도 새로 다리를 놓는 것이 나을 정도로 상황은 최악이었다. 무너진 구조물은 바다 속에 처박혀 있었고, 가진 것이라곤 20톤짜리 크레인 하나뿐이었다.

당시 정부 발주 공사로는 최대 규모로 시작된 공사였지만, 장비도 부족하고 기름 값은 하늘 높은 줄 모르고 치솟고 있었다. 또 잦은 홍수는 공사 자체를 아예 가로막고 있었다. 결과는 막대한 적자였고 일당을 받지 못한 노동자들은 파업을 벌이며 정주영을 향해 욕설을 퍼붓기도 했다. 하지만 정주영은 '신용'이 제일이라는 생각에 공사를 절대 중단할 수 없었다. 6,500만 환이라는 어마어마한 빚을 떠안으며 온갖 불명예를 남긴 공사였지만 어쨌든 그는 다리를 복구했고, 현재 아무도 건너지 못하게 됐지만 그것은 진정 '복구된 다리'로 남아 있다. 또한 뒤이은 많은 공사들에 크나큰 교훈이 되어 주었다.

한편 그는 일제강점기에 잘나가던 가게 문을 세 번씩이나 닫아야만 했다. 1937년 정주영이 일하고 있던 쌀가게 주인은 놀고먹는 아들 대신 성실한 종업원인 정주영에게 가게를 물려주었다. 그는 생애 첫 주인이 되어 경일상회라는 이름으로 간판을 걸었고, 더 부지런히 일한 덕분에 가게는 나날이 번창했다.

하지만 1939년 조선총독부에서 쌀의 공급과 배급을 통제하기 시작했고, 급기야 쌀을 배급하기에 이르러 결국 가게 문을 닫을 수밖에 없었다. 그후에 시작한 자동차수리공장 아도서비스는 강제합병을 당해 문을 닫았고, 다시 일어나 문을 연 홀동광산마저도 해방 전 일본인들에게 강제로 인수되고 말았다. 하지만 이렇게 누적된 실패의 경험들은 훗날 그를 더욱 단단하게 만들었고, '현대'가 한국 제1의 기업으로 가는 데 발판을 만들어주었다.

정주영의 창의력은 수많은 경험의 누적에서 비롯된 것이었다. 다양한 경험을 통해서 자신만의 노하우를 쌓았으며 이를 바탕으로 남들과 다른 시각으로 세상을 보았다. 결국 정주영의 창의성은 다양한 경험을 통해 쌓은 것으로써 이는 그를 더욱 빛나게 했던 경쟁력이었다.

그는 "누구에게든 무엇이든 필요한 것은 모두 다 배워 내 것으로 만든다"는 적극적인 생각을 가지고 진취적인 자세로 작은 경험을 바탕으로 더 큰 현실로 만들어내는 것에 주저하지 않았으며, 목표에 대한 신념이 투철한 사람이었다.

07 일에 몰두해서 즐기는 능력이 있다면 일하는 시간이 즐겁고 행복하다.

몰입하는 힘을
길러라

아인슈타인, 미켈란젤로 등 역사 속 위대한 인물들은 타고난 재능도 있었지만, 고도로 집중된 상태에서 자신들의 일을 해냈기 때문에 천재라는 명예를 얻게 된 것이다. 그러나 몰입은 단순히 일에 매달리거나 집착하는 것이 아니라, 주어진 시간 동안 일을 즐기면서 정성을 다하는 태도이다. 그러기 위해서는 자신의 위치에 맞고 적절한 대처능력을 키우는 것이 무엇보다 중요하다.

몰입하는 방법은 간단히 세 가지로 나눠볼 수 있다. 첫째, 자신이 무엇을 원하는지 명확하게 알아야 하고, 둘째, 지금 하고 있는 일에 대한 확실한 피드백을 얻어서 나중에 더 잘할 수 있어야 한다. 셋째, 하고 있는 활동에서 요구되는 능력과 자신의 욕구가 균형을 이뤄야 한다.

정주영의 몰입능력도 둘째가라면 서러울 정도이다. 그는 격동의 현대사에서 경제발전의 산 증인으로서 우뚝 서며 회장직에서 물러나기까지 63년 동안 지치지 않고 일을 했다. 63년 동안 건강한 체력을 유지하는 것도 힘든데 그 긴 세월 동안 일에 몰두할 수 있었던 비결은 무엇일까?

천재는 열심히 노력하는 사람을 이기지 못하고, 노력하는 사람은 즐기는 사람을 이기지 못한다는 말이 있다. 정주영은 일에 몰두해서 즐기는 능력이 있었기 때문에 일하는 시간이 즐겁고 행복할 수 있었던 것이다. 그는 어려운 살림살이와 소학교밖에 다니지 못해 가진 것이라고는 맨주먹이 전부였지만, 언젠가는 가난에서 벗어나겠다는 집념으로 근면과 성실로 모든 일에 몰입하였다. 몰입은 많이 배우지 못한 사람에게 최고의 자산이었다. 정주영은 해결해야 할 중대한 사안이 있으면 며칠씩 고민하고 그것도 모자라 밤을 새는 경우가 많았다고 한다. 집중해서 생각하고 또 생각하다 보면 자신도 모르게 어느새 '아하!' 하는 순간을 경험할 때가 많았다.

모 TV프로그램에서 우수한 성적을 갖고 있는 학생과 열등한 성적을 갖고 있는 학생들을 상대로 집중력을 실험한 적이 있다. 실험 결과 당연히 우수한 성적을 갖고 있는 학생들이 놀라운 집중력을 갖고 있었다. 이 실험처럼 직장인들의 경우 몰입하지 못하는 사람은 그만큼 일에 있어서도 후퇴할 수밖에 없다. 장시간 동안 몰입이 가능한 사람은 자신이 투자한 시간만큼 어려운 문제를 해결할 답안을 찾을 가능성이 크다. 이와 같이 무슨 일을 하든지 짧은 시간을 투자해도 몰입하는 습관을 길러 일에 매진한다면 자신도 모르게 놀라운 일의 성과를 올리고 있는 자신을 발견할 수 있을 것이다.

지금 이 시대가 필요로 하는 것은 사고력과 창의력을 가진 열정적인 인재이다. 몰입의 경험은 기대와 부담을 즐기고 창의적인 아이디어를 떠오르게 하며, 해야 할 일을 즐겁게 만드는 것은 물론, 생산적인 성과로까지 이어질 수 있도록 해준다. 세계적인 심리학자인 미하이 칙센트미하이 교수는 인간이 가장 행복을 느낄 때는 여가나 취미활동을 할 때가 아니라, '일에 대한 몰입을 경험할 때' 라는 연구결과를 발표한 바 있다. 좋은 음식, 친구, 편안함에서 오는 기쁨도 행복해질 수 있는 방법 중 하나지만 오래가지는 못한다. 몰입은 그 다음 단계로 기술이 높아지고 좀 더 어려운 도전을 하도록 하는 경험을 제공한다. 따라서 몰입은 생존에 매우 중요할 뿐 아니라 행복을 느끼는 방법 중에 하나이다.

열심히 노력하면 극복하지 못할 어려움은 없으며 성공하지 못할 것도 없다.

할 수 있다는
강한 의지를 가져라

세계적인 패션잡지 〈엘〉의 편집장 장 도미니크 보비의 실화를 다룬 영화 〈잠수정과 나비〉를 본 사람들은 아마 인간의 무한한 의지를 경험했을 것이다. 감금증후군으로 온몸이 마비된 상태에서 유일하게 움직일 수 있는 눈을 깜빡이며 책을 완성한 그는 이렇게 말했다.

"움직일 수 있는 것은 왼쪽 눈뿐, 하지만 세상과 소통하기에 충분했다."

인간이 가지고 있는 의지는 그 누구도 측정할 수 없다. 고로 그것을 측량할 수 있는 것은 자신뿐이다.

중동신화의 서막이었던 사우디아라비아가 발주한 주베일 항만 공사는 현대건설에게 20세기 최대의 일감이었다. 주베일 공사는 금액만으로도 당시 최고의 일이었지만, 공사에 들어가는 자재의 규모면에서도 최고였다. 항만공사에 들어가는 콘크리트 소요량이 5톤 트럭으로 20만 대 분량이 동원됐고, 철강 자재만도 1만 톤짜리 선박 12척 분량이 들어가는 대공사였다.

하지만 이렇게 큰 공사를 사우디아라비아 자체에서 진행하기에는 여러 가지 어려움이 따랐다. 우선 시간적으로도 많은 무리가 따를 뿐만 아니라, 막대한 원자재를 수입해서 쓰면 다른 나라에 이익이 돌아가게 되는 것도 문제였다.

당시 한국은 오일쇼크로 인해 경제적으로 매우 침체된 상태였다. 때문에 정주영은 국내 경기에 도움이 되고 현대의 힘을 세계에 알리고자, 국내에서 콘크리트나 철골 구조물을 조립해서 운반하면 좋겠다고 생각했다. 게다가 울산조선소에도 일거리를 줄 수 있으니 그 공사만 따내면 여러 모로 이익이었다.

그렇게 생각하니 이제 원자재를 한국에서 주베일까지 끌고 가는 것이 관건이었다. 그러나 10층 빌딩 크기의 철조 구조물 89개를 바지선으로 옮기는 것은 모든 사람들의 고개를 절레절레 돌리게 만들었다. 토목 역사상 유래가 없었을 뿐만 아니라, 전문가들조차 불가능하다고 단언했다. 그러나 정주영은 실행하기로 결심하고 직접 전문가들을 찾아다니기 시작했다. 그리고 결국 모든 기자재와 콘크리트 슬래브를 울산조선소에서 제작해 대형 바지선으로 세계 최대 태풍권인 필리핀 해양을 지나 걸프만까지 운반을 시작했다. 12,000킬로미터에 달하는 장거리를 태풍과 암초의 위협, 그리고 온갖 비웃음을 물리쳐가며 열아홉 차례나 왕복하여 정해진 시간 내에 공사를 마쳤다.

결국 현대건설은 주베일 산업항 공사를 계획보다 일찍 완공해 사우디아라비아는 물론 주변 국가들에게 상상을 불허하는 현대의 창의력에 감탄하도록 만들었다. 그후 쿠웨이트 슈아이바항 확장공사, 두바이 발전소 등 중동일대 대형 공사를 잇달아 수주할 수 있게 되었다.

세계 내로라하는 건설회사들을 다 물리치고 최종적으로 '현대'라는 이름이 불렸을 때 그는 무슨 생각을 했을까? 아마도 "현대를 나아가 더 발전된 미래를 살아보자"라는 '현대'의 의미를 곱씹고 또 곱씹고 있었을 것이다.

한 번에 30일이 넘게 걸리는 뱃길을 무려 열아홉 차례나 건넌 강심장 정주영, 그는 하려는 의지만 있으면 무엇이든 이룰 수 있다는 생각을 가지고 있었다. 그는 문제해결 능력이 뛰어났을 뿐만 아니라 모든 일에 대해서 남들과 다르게, 또는 지금보다 뭔가 새롭게 하고자 했다. 따라서 정주영의 생각은 남들과 달랐고, 그로 인해 결과도 남들보다 월등했다.

이러한 결실을 맺는 과정에서 한쪽에서는 무모한 도전이라고 비웃으며 비난하기도 했지만, 그는 후에 당시를 회고하며 그때의 무모한 도전에 대해 은근한 기대감으로 마음이 설레었다고 말했다.

남들이 하지 못하는 것을 나는 할 수 있다는 자신감은 어디서 생기는 것일까? 그것은 의지이며, 현대건설을 세계 최고의 건설회사로 성장시킨 원동력이다.

자유의지|free will란 자신의 행동과 결정을 통제할 수 있는 능력이다. 당신은 스스로를 얼마만큼 단속하며 살고 있는가? 혹시 하루하루 방향성을 잃고 시간을 낭비하며 살고 있지는 않는가? 꿈을 놓지 않는 사람들은 그 꿈을 닮아간다는 말이 있다. 꿈을 잡고 있는 에너지는 곧 사람의 의지이다.

의지는 가만히 있어도 자연히 생기는 생리적인 현상이 아니다. 자신이 목표로 하는 곳을 향한 간절한 마음이자, 행위이다. 정주영에게는 늘 목표가 있었다. 쌀가게에서부터 고령교, 나라티왓, 소양댐, 주베일 항만, 서산방조제, 501마리의 소까지, 멈추지 않은 목표의식이 그와 기업을 성공으로 이끌었다.

수만 가지 목표를 세워두고도 그 목표에 대한 간절함이 없다면 목표는 한낱 꿈으로 끝나고 만다. 간절함은 목표를 이루기 위해 끊임없이 행동하게 한다. 뭔가를 꼭 이루겠다는 절실함은 곧 의지이며, 이는 목표로 가는 유일한 수단이자, 지름길이다.

나는 노력이 좋은 운을 만들어주었다고 생각하며 부지런한 사람에게는 좋은 운이 더 많이 생긴다고 강조하고 싶다.

기술로
가능성과 맞서라

지금은 아날로그를 끝까지 지킬 것 같았던 예술 분야까지 기술과 접목시켜 대중성을 확보하는 시대이니, 기술의 중요성이야 강조하지 않아도 알 것이다. 얼마 전 애플사에서 내놓은 '아이패드'는 기존 제품과 별반 차이가 없다는 이유로 많은 논란이 되고 있지만, 그러한 기술을 가지고 있으면서도 한 발 늦은 한국으로서는 김이 새는 일이 아닐 수 없다.

과연 "터치스크린 뒤에 숨어 있는 우리 기술"이라는 식의 자기 위안이 한 발 늦은 우리 기술을 보상해줄까? 부속품들을 제아무리 잘 만들어도 그 물건에 "Made in Korea"가 붙을 수는 없는 일이다.

언제 어디서든 정주영식 기술로 맞섰던 그의 도전은 많은 기술을 보유하고 있음에도 앞으로 나가지 못하는 21세기 대한민국에 귀감이 되고 있다.

현대가 처음부터 기술을 바탕으로 성공한 것은 아니지만, 정주영의 추진력에 힘입어 무서운 속도로 성장해갔다. 특히 그는 더 많은 기술을 축적하기 위해 '불치하문不恥下問'이라는 말을 되새기며 자신보다 어리고 지위가 아래라고 하더라도 모르는 것을 배우기 위해 항상 겸손한 자세로 최선을 다해 다른 이들의 비웃음까지도 묵묵히 참고 견뎌냈다.

주베일 공사는 실제적인 작업의 난이도보다도 무경험으로 미지의 공사를 강행하면서 겪은 정신적인 고초가 훨씬 더 힘이 들었다고 한다. '현대'의 기술 능력에 대해 불안해했던 공사 발주처와 감독관청의 괜한 트집, 그리고 장비를 대여했던 브라운 앤드 루트사의 고의적인 업무지연 등이 현대를 시도 때도 없이 못살게 굴었다. 하지만 그런 서러움 속에서도 배우고 익히는 것을 멈추지 않아 공사 후반에는 브라운 앤드 루트사에서 장비를 대여하지 않고 울산조선소에서 제작한 16,000톤급 해상 크레인을 가져와 자켓 설치를 할 수 있었다.

또한 울산조선소에서 자켓을 연결하는 빔을 제작하여 세계를 놀라게 만들었다. 빔의 길이는 약 20미터로, 그것은 자켓 설치가 완벽했을 때의 길이였다. 수심 30미터에서 파도에 흔들리며 중량 5백 톤이 넘는 자켓을 한계 오차 5센티미터 이내로 꼭 맞아떨어지도록 20미터 간격으로 설치하는 것은 사실상 불가능에 가까운 일이었다.

선진국 업자들도 자켓 설치가 끝난 다음에 각각의 간격을 재서 빔을 제작하는 것을 원칙으로 삼았다. 오차가 5센티미터만 넘어도 깎을 수도 늘릴 수도 없이 그냥 버려야 하기 때문이다. 그것을 알고 있는 감독관들이 당장 빔 제작을 중단하라고 정주영을 설득하기 시작했다. 하지만 현대는 모두의 우려를 뒤로하고 울산에서 제작한 빔을 바지선으로 실어다 미리 설치해놓았던 자켓의 사이사이에 완벽하게 끼워 넣었다.

현대가 처음 조선업에 손을 댄 것은 한 기업의 도전이자, 국가의 사활이 걸린 문제이기도 했다. 박정희 대통령이 당시 최대 재벌에게 조선업을 맡아달라는 주문을 했으나 뜻이 받아들여지지 않았고, 이 나라가 믿을 사람은 정주영뿐이었다. 수많은 우여곡절 끝에 배를 만들긴 했지만, 기술력 부족은 도전정신과 자신감만으로 해결될 수 있는 문제가 아니었다.

더구나 고작 1만5천 톤급의 배를 만들 정도의 기술력으로 30만 톤급의 배를 만들어야 하는 상황에 이르자, 정주영도 구석에 몰린

쥐가 된 심정이었다. 더구나 세계에서 배를 가장 잘 만드는 일본은 혹여 한국에서 기술을 빼내기라도 하면 어쩌나 늘 노심초사였다.

하지만 그대로 물러날 정주영이 아니었다. 평소 친분이 있었던 일본의 K조선 회장에게 온갖 회유와 정성을 들인 끝에, 두 명의 연수생을 K조선에 보낼 수 있는 기회를 얻어냈다. K조선으로서는 일개 사원이 자기 회사의 기술을 빼낼 것이라는 생각은 상상도 못 할 일이었다. 하지만 정주영이 두 명의 연수생에게 내린 특명은 단 하나였다.

"뭐든지 빼 와."

이 이야기에서는 적어도 기업의 윤리의식은 잠시 잊어두자. 기업의 기술이란 게 모방의 모방을 거치는 일이니 말이다. 단, 정주영에게 기술이 주는 의미와 그것을 위해서라면 물불을 가리지 않고 뛰어들었던 정신은 높이 살 만하며, 좋은 기술을 가지고도 맘껏 펼치지 못하는 기업들에게 의미심장한 일이라고 할 수 있다.

현대사회를 살아가는 현대인들에게 기술의 습득은 선택사항이 아니라 필수사항이다. 기술은 시간을 절약하고 작업을 단순화시켜 생산성을 높인다. 설사 개인이 과거의 느린 삶을 지향했다고 하더라도 기업과 사회는 좀 더 빠르고, 전문성을 가지길 원하며 그러한 능력을 갖춘 사람들을 필요로 한다. 기술은 한 개인의 가치를 한 단계 끌어올릴 수 있는 수단으로써, 효율적으로 활용 가능한 기술은 인류의 삶을 보다 윤택하게 가꿔 준다.

불가능을
가능으로 살리는 도전정신

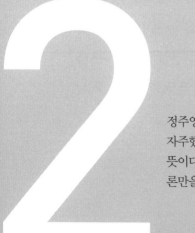

정주영은 부하 임직원들을 나무랄 때, "이봐, 해봤어?"라는 말을 자주했다. 이는 불가능하다고 생각하기 전에 먼저 도전해보라는 뜻이다. 또한 어떤 일이든 직접 실행에 옮겨보지도 않고 탁상공론만을 일삼는 사람들에게 던진 일침이기도 하다.

도전이란 보다 높은 수준에서 승부를 거는 것으로, 이는 강인한 추진력을 의미한다. 도전은 쉽게 얻을 수 없다. 따라서 아직 성취하지 못한 미래에 발생할 수 있는 가능성이기 때문에 실패할 수도 있다. 도전을 하기 위해서는 뚜렷한 목표가 있어야 하며 성공에 대한 강한 믿음이 필요하다. 도전과 모험이 없는 곳에는 결코 승리와 성공이 있을 수 없다. 고로 도전은 모험이요, 개척이요, 승리자의 확신이다. 고난이 클수록 영광 또한 크며, 그 가치 또한 빛난다.

결국 성공을 위해서는 꿈과 비전이 필요하며, 그 비전을 실천하기 위한 도전정신을 키워야 한다. 도전은 당신에게 성공의 씨앗을 안겨줄 것이며 곧 풍족한 수확의 기쁨을 선사해줄 것이다.

현재 생활에 안주하고 싶어 하는 사람일수록 변화를 싫어한다. 그들은 성공에 대한 기대감을 부담스러워하고 '도전'을 성공을 위한 기회가 아니라 실패를 향한 섣부른 선택이라고 생각하여 회피하려 하고 현재에 안주하려고 한다. 하지만 성공은 변화에서 시작된다. 변화를 원하는 사람에게 도전은 성공으로 이어지는 지름길이며 기회이다. 성공의 크기는 도전의 크기와 비례한다. 즉, 도전을 많이 할수록 성공의 크기가 커지는 것이다.

누구나 할 수 있는 일을 해낸 사람을 굳이 챌린저라고 하지 않는다. 챌린저는 남들이 불가능이라는 말 앞의 '불' 자를 과감하게 떼어버리고 '가능'으로 바꿀 수 있는 능력이 있어야 한다.

정주영은 남들이 하지 못하는 일을 하게 될수록 희소가치가 높아진다는 신념을 가지고 있었다. 그래서 오늘날의 '현대'가 탄생하게 된 것이다. 하지만 어떤 일에 앞장선다는 것은 많은 반대와 질타를 받는 일이기도 하다. 새롭다는 것은 바꿔 말하면 기존의 것을 파괴하는 일이며 기존의 질서에 혼동을 가져오는 일일 수도 있다. 그래서 반대편에 있는 사람들은 늘 '시기상조'라는 말로 새로운 것을 저지하려고 한다. 하지만 새로운 것을 만든다는 것은 그 두려움과 질타를 모두 견디고 새로운 시도와 결과물을 그들 앞에 내려놓는 일이다.

정주영도 새로운 것을 시도할 때마다 주변의 만류와 걱정이 도전하고자 하는 자신을 붙들었다고 고백했다. 하지만 그는 그들에게 일일이 설명하지 않았다. 대신 완벽한 결과물을 그들 앞에 내놓았다. 그리하여 국내를 넘어 건설사 최초로 해외에 진출했으며, 지금의 '현대'를 세우게 된 것이다.

먹구름 뒤에는 항상 태양이 기다리고 있다. 아무리 어려운 상황이라도 도전을 하다보면 태양이 당신 쪽으로 향할 것임을 기억하자.

뚜렷한 비전을
가져라

요즘 젊은이들은 인내심이 부족해서 조금만 어려워도 쉽게 포기하고 다른 것에 눈독을 들인다. 반대로 기성세대들은 기존의 것에 익숙한 나머지 새로운 것에 대한 두려움 때문에 도전의식이 빈약하다. 이 시점에서 우리는 정주영의 어린 시절을 통해 많은 것을 생각해 볼 수 있다. 인생의 기회는 가만히 주저앉아 한숨을 쉬는 사람에게 주어지는 것이 아니다. 기회는 고난과 역경 속에서 부단히 자신을 갈고닦고자 최선을 다해 오늘 하루를 일구는 사람에게만 찾아간다. 그 사람들은 준비된 자들로 기회를 맞을 준비가 되어 있으며 기회를 볼 수 있는 눈을 가지고 있다. 하지만 준비하지 못한

자들은 기회가 온다고 하더라도 기회를 맞을 준비는커녕 그것을 알아보는 눈조차 가지고 있지 않다.

정주영의 생애 첫 번째 비전은 무엇이었을까? 10대 때에는 하루 종일 쉬지 않고 일을 해도 밥 먹는 것 외에 더 나아지는 것이 없는 농사일에서 벗어나고 싶었다. 그의 아버지 정봉식은 4천여 평의 땅을 가지고 있던 농사꾼이었다. 당시 우리나라 농촌의 사정상 부유하다고 할 수는 없지만, 밥조차 먹지 못하는 사람들이 허다했으므로 그래도 정주영 집안은 먹고사는 집에 속했다.

하지만 어린 정주영이 보기에 고된 농사일은 그 노고에 비해 결과물이 극히 적은 일에 불과했다. 그는 농사 자체를 싫어했다기보다 타고난 장사꾼의 마인드로 수지가 맞지 않는 사업이라고 생각했던 것 같다.

아버지 정봉식은 당연히 장남인 정주영에게 농사를 물려주고 싶어 했다. 17살에 첫 가출을 감행한 아들을 찾아가 다시 밭으로 데려다 앉힌 아버지는 그야말로 농사가 최고인 사람이었다. 하지만 도외지의 물을 먹은 아들은 쉽사리 마음을 잡지 못했고 이번에는 친구들과 가출을 도모하기에 이른다. 하지만 사기꾼에게 돈을 뜯기고 10일 만에 다시 고향으로 돌아간다.

그후 오래지 않아 '돈을 벌어야 했던' 정주영은 소를 판 거금

70원을 훔쳐 들고 다시 집을 나섰다. 소학교를 겨우 졸업하고 농사를 지으며 산 그는 기술이 필요하다고 생각하고 그 길로 부기를 공부하기 시작했다. 또 학원이 끝나면 세계의 위인들을 책으로 만나며 그들의 삶을 하나하나 배워나갔다.

하지만 그 일도 잠시, 아들을 찾으러와 눈물을 보인 아버지를 끝내 외면하지 못해 다시 고향으로 향해야 했다. 하지만 서울행을 포기하지 못한 그는 부잣집 아들 오인보가 가져온 가출자금으로 다시 집을 나섰고, 인천부두에서 하역일을 하며 처음으로 구체적인 비전을 갖기 시작했다.

"나중에 돈을 벌면 내 손으로 저것보다 더 큰 커다란 배를 만들어야겠다!"

정주영은 네 번째 가출을 하고서야 비로소 자신의 구체적인 목표를 세웠고, 그후 그 꿈은 더 강렬하게 의식을 지배하며 구체화되어 그를 성공으로 이끌었다.

그는 소학교밖에 나오지 않았지만 뚜렷한 비전을 가지고 있었기에 자신의 뜻을 끝까지 굽히지 않고 불굴의 의지와 신념으로 앞으로 나갈 수 있었다. 물론 가출이 좋은 방법은 아니다. 하지만 당시 정주영의 상황에서 어쩔 수 없는 선택이었으며, 확고한 비전이 있었기에 가능한 행동이라고 할 수 있다.

만약 정주영이 가출하지 않고 농부의 삶을 숙명으로 알고 받아들였다면 어땠을까? 단지 고향을 떠나 농사를 짓지 않는 것에 만족하고 현실에 안주했다면? 아마도 그는 농부로 평생을 살았을 것이다. 아니면 그저 평범한 회사원으로 인생을 마쳤을 것이다.

성공한 사람들에게는 여러 가지 공통점이 있는데 그중에서도 하나같이 비전을 크게 세우며 그 길을 향해 묵묵히 걸어나갔다. 물론 성공한 사람들 중에서는 비전을 세우지 않았어도 우연한 기회에 좋은 운을 만나 성공한 이들도 있다. 하지만 그런 운은 우리에게 돌아올 만큼 넉넉하지 않다. 어쩌다가 손에 들어온 운에 자신의 미래와 성공을 맡기지 말고 구체적으로 비전을 세워보자.

미래를 예측하는 가장 정확한 방법은 직접 미래를 만드는 것이라는 피터 드러커의 말처럼, 자신이 바라는 미래를 만들기 위해서는 지금까지와는 다른 방법으로 삶을 개척해야 한다.

사람들은 곤경에 처하면 극복할 방법을 찾기 전에 실패했다는 좌절감에 체념하거나 자포자기하고 만다. 하지만 찾지 않았기 때문에 길이 나타나지 않는 것이다. 또한 스스로 운이 나쁘다는 생각을 하지 않는 한 나쁜 운은 세상에 존재하지 않는다.

우리는 흔히 다른 사람이 잘되면 운이 좋아서라고 말하고, 자신의 일이 순조롭지 못하면 운이 나빴다고 말한다. 더욱이 사람들은 자신이

처한 현실을 부정적으로 보는 것에 더 익숙하다. 가령 자신의 처지가 성공한 사람들보다 못하다고 말하며 비전을 세우는 것조차 부질없는 일이라고 포기해버린다.

비전을 세우는 데는 연령과 성별, 환경의 제약이 없다. 비전은 누구에게나 평등하며 성공의 문도 누구에게나 열려 있다. 비전을 설정했다고 해서 꼭 성공하는 것은 아니지만, 꾸준히 도전한다면 언제든 이루어질 수 있는 것이 비전이기도 하다.

불굴의 도전과 모험정신으로 누구나 다 성공할 수 있는 것은 아니다.
그 이면에는 치밀한 검토와 확고한 신념이 있어야 한다.

전략이
있어야 산다

최근 한 대학교에서 개강한 정주영

경영학이 큰 인기를 끌고 있다. 이

강의는 젊은이들에게 정주영의 경영사상과 전략적 사고, 기업가

정신 등 전반적인 경영철학을 전달하고자 하는 취지에서 만든 것

이다. 21세기 대학생들이 정주영에게 가장 배우고 싶은 것은 무엇

일까? 많은 것들이 있겠지만 경영전략은 미래의 CEO들에게 매력

적인 교훈이다. 전략이란 전쟁에서 승리하기 위한 계획이자 행동

방침이다. 그렇다면 기업의 전략이란 회사에 이익을 가져오기 위

한 방책일 것인데, 그동안 정주영은 자기만의 기업전략으로 무수

히 많은 업적을 남겼다. 어찌 보면 인생이란 전략을 만들고 부수

는 과정의 연속이다. 또한 성공이란 자신만의 전략을 세워 상대의 전략을 무력화시키는 과정이다.

우리나라는 지금 자동차 천만시대를 넘어서고 있다. 대한민국 자동차의 새 역사를 연 사람은 다름 아닌 정주영이다. 우리나라는 세계에서 열여섯 번째 아시아에서는 두 번째로 독자적인 기술로 자동차를 만들었다. 1974년 10월 이탈리아 토리노에서 열린 자동차박람회에 출품한 '포니 1호'의 탄생비화를 들어보자.

"한국이 이제 자동차 공업국의 대열에 올라섰다."

"우수한 스타일링의 한국 최초의 자동차."

이는 자동차박람회에 출품한 포니에 대한 외국 언론들의 극찬이다. 하지만 문제는 그때부터였다. 스나이더 미국 대사가 정주영과 단독으로 만나 한국의 자동차 독자 개발을 만류한 것이다. 아니 그것은 협박이나 다름없었다.

"포니를 통해 당신들의 기술력은 충분히 인정합니다. 하지만 자동차는 기술력만 가지고 생산할 수 있는 것이 아닙니다. 적어도 연간 50만 대는 생산해야 하는데 생산업체의 수로 보나 국민소득으로 보나 당신들은 그것을 유지하기가 어려워요. 그러니 자동차 독자 개발을 포기해주시오. 만약 자동차 독자 개발을 포기한다면 제가 할 수 있는 한 모든 힘을 다해 현대를 지원하겠습니다. 그리고 포드든 GM이든 크라이슬러든 현대의 조건대로 조립하고 생산할 수 있도록 미국 정부에서도 지원을 아끼지 않을 것입니다. 이렇게만 된다면 내수시장은 물론 동남아수출까지 현대의 시장이 될 수 있습니다. 또한 중동건설도 도와드리겠습니다."

그는 현대, 아니 대한민국을 걱정하는 것이었을까? 아니면 자국의 이익을 위한 것이었을까? 대답은 간단했다. 그는 미국인, 당연히 미국의 입장에서 말하고 있었다. 가만히 앉아서 당할 정주영이 아니었다. 그는 그 짧은 순간, 자기가 내세우는 자동차 전략에 대해 차근차근 설명했다.

"단도직입적으로 결론부터 말씀드리겠습니다. 대사님의 제안은 무척 고맙지만 사양하겠습니다."

스나이더는 순간 움찔했지만 섣불리 입을 열지 않았다.

"한 나라의 국토를 인체에 비유한다면 도로는 인체 내에 흐르는 혈관과 같고 자동차는 혈관 속을 흐르는 피와 같습니다. 도로가 발달하고 자동차가 원활하게 다닐 수 있게 되면 모든 생산과 경제활동 역시 활발하게 돌아가고 경쟁력을 갖게 됩니다. 물류비용 역시 상당히 줄어들게 됩니다. 이 때문에 좋은 자동차를 싸게 공급하는 것은 인체 내에 좋은 피를 흐르게 하는 것만큼 중요한 일입니다. 어떤 어려움이 있어도 제가 자동차 산업을 포기할 수 없는 것은 바로 이런 사명감 때문입니다."

느리지만 확신에 찬 정주영의 이야기는 계속 이어졌다.

"조만간 우리나라는 국민소득 5천 달러 시대를 맞이하게 될 것입니다. 여기다 몇 년 전 경부고속도로가 건설되는 등 도로 여건도 눈에 띄게 좋아지고 있습니다. 내수시장도 곧 활기를 띄게 될 것입니다. 이미 토리노에서도 확인한 바와 같이 수출 전망도 매우 밝습니다. 또 부품공업의 기반 역시 대사님의 걱정과는 달리 서서히 자리를 잡아가고 있기 때문에 크게 우려할 정도는 아닙니다. 물론 이런 제 예상이 틀릴 수도 있습니다. 하지만 그동안 제가 건설에서 번 돈을 모두 쏟아 붓고 실패한다고 해도 결코 후회하지 않을 것입니다. 왜냐하면 이것이 밑거름이 되어 우리나라 자동차 산업이 자리를 잡을 수만 있게 된다면 그것으로 나는 보람을 삼을 것입니다."

결과는 정주영의 승리였다. 그후 포니는 총생산 10만대를 달성했고, 그 뒤를 이어 포니 2, 엑셀 등의 등장으로 우리나라는 물론 전 세계의 도로 위에서 '현대'의 시원한 질주를 계속해서 볼 수 있게 되었다.

도전정신은 물이 나올 가능성이 없는데도 마냥 우물을 파는 어리석음이나 우매함과는 다르다. 왜냐하면 미래에 대한 확신, 자신에 대한 믿음, 안목이 있을 때에만 도전이 가능하기 때문이다. 정주영은 철저한 사업가이자, 전략가이다. 그가 시도한 모든 도전은 충분히 실현 가능하고 가치가 있었으며, 그에게는 확고한 의지도 충분했다. 현대건설을 처음 시작할 때, 외화를 벌기 위해 해외로 나갈 때, 자동차를 처음 시작할 때, 그는 결코 무대포식 도전은 하지 않았다. 잠재 가능성을 보고 뚜렷한 전략을 세우는 데 온 정신을 내세웠다. 1퍼센트의 가능성과 99퍼센트의 전략을 갖고 있다면 당신 역시 당신의 꿈과 희망을 이룰 수 있을 것이다.

시련은 있어도
실패는 없다

하위웰 인터내셔널 수석 부사장 데 이비드 L. 도트리치는 실패하는 경 영인은 오만, 변덕, 과도한 조심, 습관적인 의심, 수동적 저항, 지나친 완벽주의 등 11가지 특성을 가지고 있다고 말했다. 그런데 대부분의 성공한 경영인들은 위와 같은 실패의 원인들을 분석하고 딛고 일어섰을 때 비로소 성공의 길로 들어설 수 있었다고 말했다. 성공에 관한 책을 쓰고자 하는 저자들이 실패하는 경영인을 찾아다니며 실패 요인에 대해 연구하는 것만 봐도 알 수 있다.

그렇다면 경영인에게 실패란 무엇인가? 실패라고 해서 다 같은 실패는 아니다. 모든 실패가 성공의 밑거름이 되지도 않는다. 그럼 어떤 실패가 성공을 가져오는가? 데이비드 L. 도트리치의 말처럼 오만과 변덕으로 얼룩져 있는 노력하지 않은 실패가 있는가 하면, 죽을힘을 다해 노력하는 실패자들도 있다. 당신은 어떤 실패를 경험하고 있는지 한 번 생각해보자.

"나는 생명이 있는 한 실패는 없다고 생각한다. 내가 살아 있고 건강한 한, 나한테 시련은 있을지언정 실패는 없다."

이 말은 그의 자서전《시련은 있어도 실패는 없다》라는 제목으로 일축되어 한때 사람들의 마음을 움직이고 격려했으며, 지금까지도 회자되고 있다. 이는 단순히 "실패는 시련일 뿐이다"라는 말이 아니라, 화려한 성공 뒤에 가려진 수많은 실패의 경험담이 성공의 탄탄한 디딤돌임을 생각하라는 뜻에 가깝다. 또한 실패는 부정적으로 보면 시련일 뿐이지만, 긍정적으로 생각하면 성공의 씨앗이 된다. 그는 언제나 성공한 사람이 아니라, 수많은 실패 앞에서 좌절하지 않은 사람이다. 또한 실패를 하면서도 그것을 실패로 인정하지 않고 단지 성공의 발판이라 인식하고 끊임없이 도전을 거듭했다. 실패하면 할수록 그는 더욱 열심히 도전할 뿐이었다.

청년 정주영은 자동차 수리공장을 인수한 것을 시작으로 몇 번의 실패를 거쳐 1946년 서른둘의 나이에 적산敵産 200평을 불하받아 현대자동차공업사를 설립했다. 그리고 1950년 1월, 현대토건사와 현대자동차공업사를 합병, 사옥을 필동으로 옮겨 현대건설 주식회사로 의욕에 찬 새 출발을 했다. 그러나 반년 후 한국전쟁이 터지는 바람에 다시 아수라장이 되고 말았다.

이런 여러 가지 힘든 일을 겪은 후 현대자동차는 포드와 손을 잡고 1968년 11월 첫 번째 차 '코티나'를 양산하였다. 그러나 그에게 돌아온 것은 참담한 실패였다. 조악한 품질에 수해까지 겹쳐 울산공장이 침수되는 피해까지 보게 되었다.

1980년대 군부통치 시대, 정주영은 누구보다도 많은 어려움을 겪었다. 자기 손으로 일군 현대중공업을 정부에 강제로 빼앗기다시피 한 아픔을 겪게 되었기 때문이다. 훗날 정주영이 대통령 후보에 출마함으로써 정치에 입문하게 된 것도 1980년대를 살아가는 경제인으로서 누구보다도 아픔을 뼈저리게 겪었기 때문이기도 했다. 결국 우리나라의 많은 기업들이 80년대를 넘기지 못하고 하나둘 쓰러져갔다. 정주영과 그가 일군 현대도 한국중공업을 강제로 빼앗기다시피 하는 등 숱한 어려움을 겪었다. 그러나 정주영의 도전정신은 이러한 어려움을 발판 삼아 더욱 넓은 세계로 도약하겠다는 강한 도전정신을 만들어냈다.

정주영 인생에 있어서 '운'은 바로 '타이밍'이었다. 그는 앞으로 좋아질 수 있는 기회, 즉 좋은 때가 왔을 때 그것을 놓치지 않고 붙잡아 그것을 발판으로 더욱 발전하는 의지를 가지고 있었으며 반대로 나쁜 상황에 부딪쳤을 때는 죽을힘을 다해 노력하여 그 상황을 기회로 삼고자 했다. 결국 성공의 밑거름이 되는 좋은 실패란 포기하지 않고 그것을 이용하는 것이다.

보통 사람들은 한 가지 성공을 이루면 그 자리에서 편히 안주하기를 원하지만, 정주영은 여러 분야에서 최고가 되기 위해 노력했다.

그가 위대한 것은 비전을 실천할 때마다 만난 역경을 실패가 아닌 시련이라 생각하고 성공으로 바꿔갔다는 점이다. 비전을 가진 사람은 그것을 달성할 때까지 절대로 포기하지 않는다는 것을 실천으로 보여주는 사람이다.

경제적으로나 사회적으로 어렵고 혼란스러운 상황에서 우리에게 꼭 필요한 정신은 "시련은 있지만 실패는 없다"는 정주영의 도전정신이다. 비전의 실현에는 역경이 따르지만, 포기하지 않는다면 언젠가는 실현된다는 것을 기억해두고 매일매일 도전하는 삶을 살도록 하자.

도전하고
다시 도전하라

하수와 고수가 바둑을 두고 있다고 하자. 일반적으로 하수는 무조건 진다는 생각을 가지고 시작하나 고수는 무슨 일이 있어도 이길 수 있다는 생각으로 바둑을 둔다. 바둑을 둘 때 하수가 아무리 고민을 하고 나름대로 신중하게 돌을 놓아도 고수의 눈에는 이길 수 없는 수일 수 있다. 그러나 그 하수가 포기하지 않고 계속해서 정진한다면 그도 언젠가는 고수가 될 수 있다.

정주영이 모든 것을 다 갖추고 있었다면 지금의 '현대'는 아마 존재하지 못했을 것이다. 현대는 아무것도 없는 상태에서 무슨 일이든 주어지면 최선을 다했다. 최선을 다해서 안 되면 더욱 열심히 해서 반드시 성공으로 이끌었다. 결국 끊임없는 도전이 바로 오늘날의 정주영과 현대를 만든 것이다. 그는 무슨 일에나 최선을 다하면 이루지 못할 게 없다는 것을 빈대에게 배웠다고 한다.

정주영이 인천 부두에서 막일을 하고 있을 때였다. 노동자 합숙소에는 빈대가 늘 우글거렸다. 그러니 힘들게 일을 하고 나서 밤에 고단한 몸을 누일라치면 빈대가 극성을 부려 도저히 잠을 잘 수가 없었다. 그래서 정주영과 몇몇 노동자들은 빈대에게 물리지 않으려고 커다란 식탁 위에 올라가 잠을 청하기도 했다. 그러나 빈대들은 탁자 다리를 타고 올라와 악착같이 피를 빨아먹었다.

정주영이 한 가지 꾀를 냈다. 탁자 다리를 물이 가득한 양푼 네 개에 담가놓고 그 위에 올라가 잠을 청한 것이다. 빈대들은 더 이상 탁자에 오르지 못했다. 탁자에 오르려면 양푼을 지나가야 하는데, 아무리 빈대라도 익사할 일을 하겠는가.

그날 밤, 정주영은 오랜만에 편안하게 잠을 잘 수 있었다. 하지만 그것도 이틀 밤을 넘기지 못했다. 빈대들이 다시 그의 몸을 물어뜯기 시작한 것이다.

'이놈의 빈대들이 어떻게 탁자 위로 올라왔을까?'

정주영은 불을 켜고 자세히 살펴보았다. 빈대들은 탁자 다리로 기어오른 것이 아니었다. 장애물로 설치한 양푼을 통과하다가는 물에 빠져 죽을 위험이 있으니까 아예 벽을 타고 우회해 천장으로 올라간 다음 공중낙하를 시도한 것이다. 정주영은 생각했다.

"빈대도 저렇게 전심전력으로 연구하고 노력해 제 뜻을 이루는데 나는 지금 무엇을 하고 있는가? 빈대만도 못한 인간이 될 수는 없지 않은가?"

이것이 바로 그 유명한 정주영의 '빈대철학'이다. 그후 정주영은 어려운 일이 닥칠 때마다 '빈대철학'을 되새기며 '빈대만도 못한 인간이 될 수는 없다'는 생각으로 이를 악물었다고 한다.

정주영은 다른 사람에게는 불가능해 보이는 일들도 자신은 충분히 할 수 있다고 생각했다. 아무도 세우지 못한 달걀을 세운 콜럼버스처럼, 정주영은 서산 앞바다를 개간하면서 폐선으로 마지막 물막이 공사를 성공으로 이끌었다. 그런데 사람들은 그들이 마치 우연히 알아낸 방법으로 쉽게 해결하고 성공했다고 생각하는 경향이 있다. 하지만 성공이란 로또에 당첨되듯 우연히 얻을 수 있는 것이 아니다. 그것은 끊임없는 도전이 가져다준 선물이다.

해보고
안 된다고 하자

인생은 끊임없는 도전의 연속이다.

도전을 해야만 승리도 있고 실패도

있다. 승리는 결코 우연의 산물이 아니요, 요행의 결과는 더욱 아

니다. 그것은 곧 피눈물 나는 노력과 도전의 결정이요, 끊임없는

투쟁의 소산이다.

칭기즈 칸은 자신이 만든 한계를 스스로 딛고 일어섰을 때 비로

소 테무친이라는 평범한 아이에서 위대한 황제가 될 수 있었다고

말했다. 이처럼 한계는 누가 세운 것이 아니라 자기가 만든 기준

이다. 사회적 기준도, 법의 잣대도 아니다. 하지만 우리는 매사에

스스로의 한계를 단정 짓고 나는 이 정도밖에는 안 된다고 푸념하

며 도전도 해보지 않고 포기하고 만다. 산이 보이면 일단 올라가보자! 발걸음을 떼고 시도해본 후 결정을 내려도 늦지 않다.

한국 경제가 짧은 기간에 도약할 수 있었던 것은 정주영과 같은 기업가들의 도전정신이 충만했기 때문이다. 불모지에서 조선산업이라는 거대한 모험을 감행하고 황무지에서 철강산업을 일구고, 자동차산업을 개척한 것은 상상력과 창조성이 뛰어난 경영인들이 있었기 때문이다. 피터 드러커가 명저《넥스트 소사이어티》에서 '기업가정신이 가장 충만한 나라는 한국'이라고 자신 있게 말한 것도 이들과 무관하지 않다.

정주영은 부하 임직원들을 나무랄 때, "이봐, 해봤어?"라는 말을 자주했다. 이는 불가능하다고 생각하기 전에 먼저 도전해보라는 뜻이다. 또한 어떤 일이든 직접 실행에 옮겨보지도 않고 탁상공론만을 일삼는 사람들에게 가한 일침이기도 하다.

정주영이 현대건설의 전신인 현대토건사를 설립할 때의 일이다. 현대자동차공업사를 설립하여 자동차 수리를 전문적으로 하고 있을 때, 토건업에 손을 대려고 하자 주변에서 반대가 무척 심했다. "왜 잘 모르는 일에 도전을 하느냐?", "토건업이 만만한 줄 아느냐?", "잘되는 것이 있는데 왜 또 다른 사업을 하려느냐?" 하며 반대가 무척 심했다.

그럼에도 그 일을 추진하게 된 이유는 건설업과 자동차공업 간에 수리대금의 차이가 엄청나다는 것을 직접 목격했기 때문이다. 자동차 수리대금을 받기 위해 관청에 갔던 정주영은 당시 자동차 수리업자가 100원의 수리대금을 받아가는 반면, 건설업자는 그 10배가 넘는 돈을 받아가는 것을 목격하고 말았다. 그는 똑같이 고생하는데 그렇게 차이가 나는 것을 보고 적잖은 충격을 받았다.

'자동차 수리나 토건업이나 견적서를 넣고 계약한 후에 일해주고 돈 받는 것은 똑같지 않나?'

그는 그런 생각을 하며 주변의 반대를 무릅쓰고 토건업에 뛰어들었다. 현대자동차공업사에서 더부살이를 하던 현대토건사는 1950년 1월 현대자동차공업사를 합병하고 사옥을 중구 필동으로 옮겼으며, 이때부터 현대건설주식회사라는 간판을 내걸고 본격적으로 건설업을 시작했다.

현대건설은 태국에서 파타니 나라티왓 고속도로 공사를 맡음으로써 건설업이 국내 최초로 해외에 진출하는 쾌거를 이룩했다. 그러나 태국은 우리나라와 기후가 달라 시도 때도 없이 비가 내렸다. 때문에 공사 진척도 더디고, 특히 모래와 자갈이 항상 젖어 있는 바람에 아스팔트 콘크리트(아스콘)도 제대로 만들 수 없었다.

정주영은 일주일에 한 번씩 비행기를 타고 현장으로 날아갔다. 어느 날 비행기에서 내려보니 직원들이 아스콘은 만들기 위해 젖은 모래와 자갈을 건조기에 넣고 있었다. 하지만 설상가상으로 건조기의 온도가 올라가지 않아 제대로 마르지 않았고, 이런 상태로 가다가는 공사가 두세 달 늦춰질 것은 불 보듯 뻔한 일이었다. 정주영은 직원들의 모습을 보며 인상을 잔뜩 찌푸리면서 말했다.

"골재를 직접 철판 위에 놓고 구우면 될 거 아냐!"

직원들은 그제서야 무릎을 "탁" 치며 당장 회장의 말을 실행에 옮겼다. 역시 정주영이었다. 그의 말대로 골재를 철판 위에 놓고 구우니 건조기를 사용할 때보다 두세 배나 높은 생산 능률을 올릴 수 있었다. 또한 밤이면 모래와 자갈을 천막으로 덮었다가 햇볕이 강한 낮에는 걷어내 말리는 방법으로 80퍼센트 이상의 아스콘 가동률을 얻어냈다. 직원들은 깊이 생각해보지 않고 쉬운 방법만으로 문제를 해결하려 했던 자신들의 모습을 부끄러워했다.

그후 정주영은 업무지시를 내리면 이런저런 이유로 반대를 하거나 안 된다고 하는 직원들에게 "해보기나 해봤어?"라는 말을 했다고 한다. 그러면 그 직원들은 아무 말도 하지 못하고 그의 뜻에 따랐고, 어려울 때는 회장의 머리를 빌리기도 했다.

도전에 대한 정주영의 강한 의지는 오늘날 현대를 세계 최고의 기업으로 만든 초석이 되었다. 앞으로 무슨 일을 하든지 시작이 반이며 완성이라는 점을 잊지 말자.

대만의 기업인들은 두 개의 명함을 가지고 다닌다고 한다. 하나는 현재의 명함이고, 또 하나는 미래에 자신이 창업할 회사의 명함이라고 한다. 늘 기업가정신으로 무장하고 자신의 꿈을 한순간도 잊지 않겠다는 결의를 엿볼 수 있다. 도전은 성공을 위한 필수항목이다. 도전이 없는 곳에 성공이란 있을 수 없다. 도전하면 50 대 50의 승부수가 있다. 인생을 살면서 50퍼센트의 승률은 매우 높은 것이다. 이렇게 높은 승률을 스스로 포기한다는 것은 매우 위험천만한 일이다.

사람들은 한 번의 실패로 모든 것을 잃을 수 있다는 막연한 두려움을 가지고 있다. 하지만 우리의 인생은 마치 영화처럼 한 번의 실패로 송두리째 빼앗길 만큼 극적이지 않다. 그것은 단지 성공을 향한 노력을 게을리 하는 자의 변명에 불과하다.

실패는 삶에 있어서 중요한 경험이 되며 또 다른 기회를 준다. 도전하지 않으면 실패를 경험할 기회도, 성공의 기쁨을 맛볼 기회도 오지 않는다. 도전은 실패하기 위해 하는 것이고, 실패는 성공하기 위해 하는 것이다.

나는 "반드시 된다"는 확신 90퍼센트에 "할 수 있다"는 자신감 10퍼센트로 100퍼센트를 채운다.

세상에 불가능한 것은 없다

진정한 고수가 되기 위해서는 그 일을 적어도 1만 시간 동안 해야 한다고 한다. 1만 시간이면 10년 동안 하루 3시간(1주일에 20시간)을 합친 시간이다. 이렇게 정성을 들이는데 과연 안 되는 일이 있을까? 게다가 보통 직장인들의 근무시간이 7~8시간이니 시간상으로 봤을 때 5년만 노력해도 직장에서 고수라는 말을 들을 수 있지 않을까? 낙숫물에 바윗돌이 뚫리는 것은 기적이 아니라, 오랜 시간 들인 정성이며 노력이다.

세상은 도전하는 사람들에 의해 발전해왔다. 신대륙은 새로운 것을 찾아 탐험길에 오른 사람들에 의해 발견되어 당대 사람들에게 험난한 오지의 모습을 보여주는 결과를 낳았다. 또한 새로운 것을 만들고자 애쓰는 과학자들 덕분에 인간의 삶은 하루가 다르게 편리해지고 있다.

그렇다고 세상을 이끌어가는 리더들의 삶이 늘 순탄한 것은 아니다. "남들과 다르다는 것은 약간의 시샘과 부러움의 대상이 된다"라는 광고문구가 있다. 사회는 남들과 다르거나 남들보다 앞서는 사람들을 가만두지 않는다. 그들은 괜한 시비를 걸어 앞서가는 사람들을 넘어뜨리기도 하고 뒤에서 붙잡기도 한다. 심지어는 비난하거나 헐뜯어서 성공으로 가는 사람을 추락시켜 마음의 상처를 주고 길을 잃게 만들곤 한다.

따라서 의지가 굳건하지 못한 사람은 타인이 던진 의미 없는 비난과 질투에 좌절하거나 절망 속에서 헤어나오지 못하게 된다. 하지만 반드시 기억해두자. 주변의 비난이나 질투는 성공을 했거나 남들보다 뛰어난 사람들에게는 언제나 그림자처럼 따라다니는 필수불가결한 장애물일 뿐이다.

정주영은 성공하기까지 주변의 비난이나 질투를 한 몸에 받으며 살았다. 그러나 수많은 비난이나 질투를 멀리 할 수 있었던 것은 '현대'를 국민 기업으로 키워 한국을 번영시키겠다는 강한 신념이 있었기 때문이다. 그러한 이유로 그는 절대 한곳에 머무르는

법 없이 하나의 봉우리에 깃발을 꽂으면, 또 다른 봉우리를 향해 발걸음을 옮겼다.

1967년, 동양 최대의 댐 공사인 소양강댐 공사는 정주영에게 새로운 전기를 마련해주었다. 원래 소양강댐 공사는 일본으로부터 받은 청구권 자금으로 짓는 것이었기 때문에 일본 최대의 건설업체인 일본공영에서 설계부터 기술, 용역까지 맡기로 되어 있었다.

일본공영은 100미터 이상의 높은 댐 공사를 하기 위해 기존에 높은 댐을 건설할 때 적용되었던 콘크리트 중력댐으로 설계를 하고 시공에 들어가려 했다. 하지만 정주영은 콘크리트 중력댐으로 시공하면 일본에서 자제를 가져와야 하기 때문에 일본으로 자금이 흘러들어갈 것이라고 판단했다. 그는 일본으로 자금이 흘러가는 것을 막기 위해 주변에 있는 자갈을 이용해보자고 제안했고 그러기 위해서는 설계를 사력댐으로 바꿔야 했다.

하지만 문제는 시공법 변경의 열쇠를 쥐고 있던 일본공영과 정부 관료들을 설득하는 일이었다. 당시 상황으로 보자면 일개 하청업체인 현대가 세계 최고의 기술력을 자랑하는 일본공영을 상대로 시공법을 놓고 논쟁을 벌이는 것 자체가 말도 안 되는 일이었다. 게다가 행정상 번거로움을 가져오는 새로운 의견에 대해서 반대부터 하고 보는 정부 관료들을 설득하는 일은 결코 쉬운 일이 아니었다.

상황은 더욱 나빠져 정주영의 학력이나 경험의 수준을 운운하며 공격했고 사력댐으로 시공하고자 하는 것을 비난했다. 정부에서도 사력댐을 지으면 무너지기 쉬워 물난리가 날 것이라며 강하게 반발하였다. 하지만 그들의 말처럼 정주영의 생각이 결코 허무맹랑한 것은 아니었다. 나름대로 일리 있는 소신과 근거를 가지고 있었다. 그는 사람들을 일일이 찾아다니며 풍부한 현장경험을 근거로 콘크리트댐은 폭격에 쉽게 무너질 수 있음을 알리는 등 주변을 설득하기 시작했다.

결국 불가능한 상황에서도 정주영의 굽히지 않는 도전정신으로 소양강댐은 사력댐으로 만들어졌다. 그리고 그는 "길이 없으면 길을 찾고, 찾아도 없으면 길을 닦아 나가면 된다"고 믿게 되었다.

그는 남들이 가지 않은 길이 더 가치 있으며 그 길에는 무한한 가능성이 있다고 생각했다. 사람들은 남들이 이미 이뤄놓은 일이나 자신이 해본 일만 가능한 일이라 생각하고, 그렇지 않으면 불가능한 일이라 단정 짓고 시도조차 하지 않으려고 한다.

한때 화제가 되었던 불가능에 대한 아디다스의 광고 문구를 떠올려보자.

불가능, 그것은 아무것도 아니다.
불가능, 그것은 나약한 사람들의 핑계에 불과하다.

불가능, 그것은 사실이 아니라 하나의 의견일 뿐이다.

불가능, 그것은 영원한 것이 아니라 일시적인 것이다.

불가능, 그것은 도전할 수 있는 가능성을 의미한다.

불가능, 그것은 아무것도 아니다.

결국 불가능이란 나약한 사람들이 본인들의 포기를 정당화시키기 위해 지어낸 말이다. 더욱이 불가능하다는 것은 다수의 의견이 아니라 하나의 의견이며, 만약 불가능한 것이 있어도 그것은 일시적인 것이지 영원한 것이 아니다. 오히려 불가능이 있기 때문에 도전할 수 있는 기회도 생긴다.

현존하는 경영자 중에 최고를 꼽으라면 많은 사람들이 잭 웰치를 말한다. 몸집만 크고 둔한 GE를 세계 최고의 기업으로 만든 경영 능력을 보았을 때, 그는 충분히 인정받고 존경받을 만한 자격이 있다. 그리고 그의 경영 감각이나 창의성, 사람 관리, 동기부여 등은 현대 기업의 리더로서 우리가 본받아야 할 자질들을 충분히 갖추고 있다.

무엇보다 '중성자탄'이라는 별명은 그가 강행했던 구조조정의 단면을 대변한다. 여기서 중성자탄은 대량으로 인명을 학살할 수 있는 것을 말한다. 그는 워크아웃을 통해서 대대적인 구조조정에 들어갔고 GE의 모든 사업을 승자와 패자로 구분하기에 이른다.

그는 승자의 사업에는 집중 투자하고, 패자의 사업은 매각, 합병, 폐쇄 등의 길을 걷도록 만들었다. 그리고 그 과정에서 232개의 생산라인을 멈추고 73개의 공장이 폐쇄하여 전체 40만 명 중 18만 명의 인원을 감축하였다. GE의 잭 웰치는 남들은 불가능할 것으로 생각했던 일을 과감한 결단력으로 가능성의 불을 지폈다.

기업의 입장에서 보자면 미국의 잭 웰치는 한국의 정주영이다. 차이가 있다면 잭 웰치는 구조조정의 전문가로서 본의 아니게 많은 사람의 일자리를 빼앗았지만, 정주영은 많은 사람들에게 일자리를 제공해주었다.

정주영은 우리에게 희망을 주기에 충분했다. 남들이 불가능하다고 생각한 사업들을 성공시켰고 그로 인해서 대한민국의 수많은 국민들에게 일자리를 만들어주었다.

정주영은 불가능하다고 생각하는 것 자체만으로도 인생은 절망적일 수 있다며 불가능을 가능으로 바꾸기 위해서 노력하고 도전하였다. 지금 우리가 누리는 행복은 정주영처럼 불가능을 인정하지 않는 사람들이 도전에 도전을 거듭하여 도저히 건널 수 없다는 불가능의 강을 건너고, 도저히 이룰 수 없다는 불가능의 산을 정복했던 사람들에 의해 창조된 것이다.

우리는 자기도 모르게 불가능과 가능의 선을 그으며 살고 있다. 당장 불가능에 가까운 선을 지우고 가능에 가까운 선으로 다시 그어보자. 가능에 좀 더 가까이 선을 지우고 긋기를 반복하다 보면 경계선은 어느새 사라지고 가능한 일들로 채워질 것이다.

당신은 자본이 없는 게 아니라 신용이 없는 것입니다. 사람 됨됨이가 나쁘다는 말이 아니라 당신한테 돈을 빌려줘도 된다는 확신이 들 만한 신용을 쌓아놓지 못했기 때문에 자금융통이 어렵다는 말입니다.

일을 즐기는 습관을 가져라

우리가 자주하는 말 중에 "적당히 미치면 인생이 즐겁다"라는 말이 있다. 이렇게 일에 미친 것을 워커홀릭 또는 워크마니아라고 부르는데, 이 둘은 언뜻 비슷해 보이나 전혀 다른 개념이다. 워커홀릭은 일에 쫓겨 정신없이 바쁜 생활을 보내는 사람이며, 워크마니아는 자신의 일을 즐기는 사람이다. 워커홀릭과 워크마니아 모두 자신의 인생 대부분을 일에 걸고 있어 지금 당장은 비슷해 보이지만, 훗날 그들의 모습은 확연히 차이가 날 것이다. 전자는 일에 지쳐 쓰러질 것이고, 후자는 개성과 창의력으로 똘똘 뭉친 진정한 일꾼이 되어 있을 것이다.

정주영은 이 시대 최고의 워크마니아라고 할 수 있다. 그가 진정한 워크마니아가 될 수 있었기에 어떤 시련이나 장애에도 초연해질 수 있었던 것은 아닐까? 그는 일에 열중할 때는 아픈 것도 모를 정도였다고 한다. 더욱이 일에 열중하다 보면 병이 깨끗이 낫는 듯하다며 오히려 아파서 꼼짝 못할 때는 일에 더 열심히 매달렸다고 하니 일에 대한 열정이 어느 정도였는지 짐작할 수 있다.

공자는 "아는 자는 좋아하는 자만 못하고 좋아하는 자는 즐기는 자만 못하다"라고 말했다. 이 말은 옛 성인의 오래된 말이 아니라, 현대에도 적용되는 말로 누구나 공감하는 말일 것이다. 많은 사람이 취미로 하던 일을 직업이나 생계수단으로 삼으면 생계에 대한 부담감으로 그 일을 제대로 즐길 수 없다고 한다. 취미로 하는 일은 생계에 직접적으로 영향을 미치지 않기 때문에 즐길 수 있지만, 직업은 그렇지 않다. 하지만 진짜 일을 즐기는 사람은 그것을 뛰어넘는 자들이다.

정주영이 가장 아꼈던 사람인 김윤규와의 재미난 일화가 있다.
1989년 정주영이 소련을 방문했을 때의 일이다. 현대건설의 김윤규 전무가 발전소 공사 협상 관계로 리비아 전력청 장관을 만나러 가기 위해 탔던 KAL기가 리비아 트리폴리 공항에서 추락했다는 비보가 들려왔다. 공항의 시계가 불량하여 비행기가 공항 건물을 들이받으면서 두 동강이 났다는 것이다. 당시 사고기에는 김윤규 전무를 포함해 8명의 현대건설 임직원이 타고 있었으니 큰일이 아닐 수 없었다. 하지만 불행 중 다행으로 승객 중 70여 명이 사망하는 대형사고였음에도 불구하고, 김윤규와 현대 직원들은 부상만 당했을 뿐 큰 화를 면했다.

정주영은 이 소식을 듣고 애가 타서 안절부절하지 못했다. 그는 걱정스러운 마음에 모든 일정을 취소하고 직원들이 입원한 서울중앙병원으로 급히 달려갔다. 그런데 이게 웬일인가? 김윤규가 병원 문을 들어서는 정주영에게 예를 갖춰 발전 공사 협상을 성사시켰다고 말하는 것이 아닌가? 목숨이 위태로울 정도는 아니었지만 그래도 비행기 사고를 당한 사람이 아닌가? 정주영은 도저히 이해할 수도, 믿어지지도 않았다. 아파서 병원에 누워 있던 사람이 어떻게 협상을 하고 일을 성사시켰단 말인가!

사건의 전말은 이러했다. 김윤규는 일을 성사시키기 위해 소련 문턱까지 갔다가 비행기 사고로 돌아와 보니 마음이 편하지 않았다. 그래서 병원 측의 반대에도 불구하고 환자복 대신 현대건설 작업복으로 몰래 바꿔 입고 리비아 전력청 장관을 만나러 갔다. 장관은 비행기 사고로 몸이 불편한 김윤규가 약속을 지키기 위해 달려온 것에 깊이 감동했고, 그의 신의와 일에 대한 열정을 높이 사 협상에 응했던 것이다. 장관은 아픈 기색이 역력한 김윤규가 소파에 편히 누울 수 있도록 배려하여 한 사람은 누워서 한 사람은 앉아서 협상을 하게 되었다고 한다.

김윤규는 얘기를 들으며 눈이 동그래진 회장에게 이렇게 말했다.

"일을 성사시켜서 그런지 아픈 것도 다 잊어버렸습니다."

정주영은 그 말을 듣고 마치 자신을 보는 듯해 애틋하면서도 흐뭇한 마음에 활짝 웃으며 말했다.

"멀쩡한데 환자복 입고 있으면 쓰나? 내일 강릉으로 오게."

김윤규는 두말하지 않고 정주영을 따라나섰고 강릉에서 결국 일본까지 가게 되었다. 몸도 제대로 추스르지 못한 상태에서 또 비행기를 타게 된 김윤규는 사고 후유증으로 인한 극심한 공포로 정주영 옆에서 몸을 바들바들 떨고 있었다. 이때 정주영의 허를 찌른 한 마디!

"걱정 마! 한 번 떨어진 놈은 절대 두 번은 안 떨어져."

그들은 일본에 가서 일을 끝내고 온천에서 휴식을 취하며 심신을 달랬다. 정주영이 먼저 입을 열었다.

"병원에 누워 있는 것보다 강행군을 하는 게 충격을 이겨내는데 더 좋겠다 싶어 함께 오자고 한 거야."

일에 몰두하여 아픔을 잊어버리는 치료 방법은 그 둘에게 모두 통했던 듯하다. 그들에게 일은 어쩔 수 없이 해야 하는 것이 아니라, 삶과 소통하는 가장 즐겁고 기쁜 놀이였다.

취미란 일을 하며 쌓인 스트레스를 풀기 위한 것인데 정주영의 취미는 '건설현장 들르기'였다니 그가 일을 즐겼다는 대목은 충분히 설득력이 있다. 당신은 무엇을 할 때 가장 기쁜가? 3, 40대 가장들은 아무런 구속을 받지 않고 혼자서 빈둥거릴 때 가장 편하고 행복하다고 한다. 하지만 생각해보자. 그들이 과연 며칠이나 그럴 수 있을까? 계속 그렇게 지내도 처음 느꼈던 즐거움과 똑같이 느낄 수 있을까?

정주영은 일하는 즐거움을 아는 사람이었다. 일이 마냥 즐거운 사람이 어디 있겠는가! 다만 그 고통과 노력들 속에서 성장하는 자신의 모습을 보는 것이 즐거움이 아닐까? 발전의 가능성이 없는 일은 결코 그것을 즐길 수 없으며 곤욕이 될 수밖에 없다.

나는 자기가 하고 싶은 일을 성취한 사람이 부를 가진 사람이라고 생각한다.

열정을
멈추지 마라

성공한 사람들을 보며 사람들은 냉소적으로 말하기 쉽다.

"타고난 특별한 재능이 있겠지. 아님 집안에 돈이 많은가?"

그러나 그들이 걸어온 길을 되짚어보면 그들 누구나 실패라는 쓴잔을 많이 마셨다는 것을 알 수 있다. 다른 사람보다 실패를 많이 했다는 것은 그만큼 도전을 많이 했다는 증거이다. 일에 열정을 가지고 도전하는 사람들이야말로 성공이라는 달콤한 열매를 얻을 수 있다. 즉, 실패도 도전 속에서 이루어지는 것이다.

다시 말해 끊임없이 도전할 수 있도록 나를 조종하는 것은 열정이다. 열정이 있기에 도전 속에 있는 많은 난관과 시련을 이겨낼 수 있고, 자신이 하는 일에서 으뜸이 될 수 있는 것이다.

정주영의 삶을 보면 불도저같이 일에 열중한 나머지 잠을 설칠 때가 많았고, 전 세계를 자기 집처럼 드나드느라 변변한 휴식 한 번 누리지 못했다. 그러나 워낙 건강 체질이라 86세의 나이로 생을 마칠 때까지 잔병치레도 별로 없었다. 무엇이든 잘 먹는 것이 그가 건강을 유지할 수 있었던 비결이었다. 여담이지만 그는 달러가 들어 있다는 이유로 커피만은 입에 대지 않았다고 한다. 하지만 정주영을 더욱 건강하게 했던 것은 바로 일이었다. 일에 대한 열정은 그를 누구보다 적극적으로 만들었다. 그는 자고 나면 새로운 도전에 가슴이 뛰었으며 이를 실천해서 성공에 이르면 성취감에 피곤한 줄 몰랐다고 한다. 결국 일에 대한 열정이 남들보다 건강하게 오래 살 수 있도록 해준 원동력이 되었다.

그가 마지막까지 열정을 쏟은 사업이 바로 대북사업이다. 그가 처음 북한에 입국비자를 신청한 것은 1989년이었다. 그는 1915년 강원도 통천군에서 태어나 한국전쟁 당시 부산으로 피난을 온 후 여느 실향민들처럼 고향에 대한 그리움으로 평생을 살았다. 때문에 사업으로 어느 정도 기반을 일군 후부터는 대북사업에 공을 들이기 시작했다.

정주영은 북한의 허가로 북에 방문할 수 있었고 9박10일의 일정 동안 금강산 공동사업의 문을 여는 데 발판을 마련했다. 그로부터 9년 뒤 정주영은 김정일 국방위원장과 만나 "현대에서 금강산 관광사업을 모두 맡는다"는 협의를 이뤄냈고 남과 북을 화해의 분위기로 이끄는 데 큰 공헌을 했다.

북에 대한 그의 열정은 거기에서 멈추지 않았다. 얼마 후 소 501마리를 끌고 북한을 방문한 최초, 아니 이후에도 없을 세기의 이벤트를 열어 국내는 물론 세계의 시선을 한 몸에 받기도 했다. 회색 중절모를 쓰고 소줄을 잡고 천천히 손을 흔들었던 노신사와 알록달록한 꽃목걸이를 걸고 어디로 가는지 아는 듯한 눈빛으로 가만히 카메라를 응시했던 황소의 모습은 아직도 생생하다.

1989년부터 시작된 대북사업은 그가 눈을 감기 전까지 이뤄낸 귀중한 성과물이라고 할 수 있다. 고향에 대한 그리움에서 시작된 이 일이 기업에는 이윤을, 세계 유일의 분단국가인 한반도에는 평화의 메시지를 선사한 정주영식 열정이 돋보이는 이벤트임을 새삼 실감한다.

어느 직장인에게 당신의 하루를 100자 내외로 요약하라고 했더니 다음과 같이 써냈다고 한다.

"알람소리에 잠에서 깨면 부스스 일어나 만원버스에 지친 몸을 싣고 회사에 간다. 회사에 도착하면 익숙함과 요령으로 다져진 손과 입으로 업무를 처리하고 새로울 것 없는 하루가 끝나면 다시 집으로 돌아간다."

여느 회사원과 다를 바 없는 그의 일상 속에서 가장 문제가 되는 것은 바로 '익숙함'과 '요령'이다. 회사에서 능력 있는 사람으로 평가받는 사람은 학벌이나 능력이 아니라 일에 대한 열정을 가진 사람이다.

익숙함으로 인해 노련미가 다져진 사람이 그동안 쌓아온 요령만 믿고 제자리걸음일 때 서툴지만 열정적인 사람은 끝없는 호기심과 배움에 대한 욕심으로 발전해간다. 정주영이 원했던 '끝까지 최선을 다하는 인재'란 바로 열정의 또 다른 이름이 아니었을까?

도전이
성공을 앞당긴다

정주영은 어린 시절부터 나폴레옹, 링컨, 칭기즈 칸 등의 위인전을 읽으면서 자랐고, 마음을 다해 그들의 장점과 습관에 대해 배우기 위해 노력했다. 그런데 정주영이 존경했던 그들에게는 한 가지 공통점이 있다. 그들은 모두 가난한 어린 시절을 보냈으며 강인한 도전정신과 집념으로 자신의 뜻을 이루어 마침내 정상에 올랐다. 정주영이 어려운 상황들을 비관하지 않고 꿈을 향해 달릴 수 있었던 것도 모두 여기에서 비롯된 것이다.

정주영이 어린 시절 농촌에서 벗어나고자 마음먹게 된 계기가 이광수의 소설 《흙》 때문이라는 말이 있다. 당시 그는 〈동아일보〉에 연재되는 이 소설을 보기 위해 매일 밤 2킬로미터나 떨어져 있는 이장네 집으로 달려갔다. 그는 그 소설 속에 나오는 도시생활을 꿈꾸고, 그 속에서 움직이는 주인공들을 동경했는지도 모른다. 실제로 그는 주인공처럼 변호사가 되기 위해 법학책을 독학했는데, 그후 회사에 큰 계약이 있을 때 따로 법률가를 대동하지 않아도 될 정도였다고 한다.

매일 밤마다 어두운 논둑길을 달리게 한 힘은 무엇이었을까? 그것은 어린 정주영의 작은 도전이었다. 책을 읽으며 그 위인들을 닮고자 노력하면서 꿈을 위해 달렸던 작은 도전들은 훗날까지 이어져 그가 없는 지금까지도 계속되고 있다.

수십 년의 노력 끝에 최고의 CEO가 되고 거기에서 만족하지 않고 한 나라의 대통령이 되고자 했던 정주영에게 자신감의 다른 이름은 바로 도전정신이었다.

1992년 1월 1일, 그는 새해 차례를 지내기 위해 모인 가족들에게 그 꿈을 현실화하기 위해 대통령 선거에 출마하겠다는 결심을 밝혔다. 그러나 가족 중 어느 누구도 정주영의 뜻을 지지해주지 않았다. 하던 기업이나 계속하지, 다 늦게 왜 고생문이 훤한 정치판에 들어가려고 하느냐는 것이었다. 맞는 말이었다.

하지만 정주영은 경제와 정치 모두에 욕심이 있었다. 경제야 어느 정도 입지를 다져놓은 상태였기 때문에 자신이 있었고, 평소 정치하는 자들에 대한 불만이 많았던 터라 살아생전 한국의 정치사를 한 단계 올려놓고 싶은 마음이 간절했다. 그러나 정주영도, 그를 말리는 가족들의 고집도 만만치 않았다.

"실패할 경우 현대가 당하게 될 불이익에 대해 생각해보셨습니까?"

정주영도 두려웠다. 자신이 지금까지 일군 터전을 잃을 수도 있고, 자신만 믿고 있는 수백만 식솔들의 눈도 무시할 수 없었다. 하지만 그는 도전했다. 어차피 시골에서 서울로 상경할 때 짚신 한 켤레 신고 맨몸으로 올라왔기에 잃어도 잃을 게 없다고 생각했다. 더욱이 죽으면 맨몸으로 돌아가는 게 인생인데, 다 잃는다고 해도 아까울 게 없었다. 정주영은 무엇보다 한국을 이끄는 지도층으로서 당시의 정치 상황을 보고 더 이상 참을 수가 없었다.

그로부터 딱 열흘 만이었다. 1992년 1월 10일 통일국민당을 창당했다. 하지만 그는 낙선의 뼈아픈 시련을 맞이했다. 혹자는 이를 두고 '시련은 있어도 실패는 없다'던 그가 인생에서 결정적인 실패를 했다고 비아냥거리기도 했다. 그러나 그는 결코 후회하지 않았다. 그것은 실패가 아니라 그저 도전일 뿐이었기 때문이다. 대선 이후 정주영은 김영삼 정권기에 혹독한 시련을 겪었고, YS정권 말기에는 IMF 한파까지 불어닥쳤다. IMF는 현대는 물론 대한민국에 시련을 안겨준 크나큰 한파였다. 하지만 정주영은 그 한파 속에서도 결코 흔들리지 않았다. 이미 온갖 시련을 다 겪은 사람에게 또 하나의 시련은 자신을 더욱 튼튼하게 만들어주는 수단이 되어주기 때문이다.

이처럼 정주영은 지칠 줄 몰랐고 도전하는 것에 두려움이 없었다. 무엇이든 안 된다는 생각을 하지 않았고 그의 도전은 끝이 없었다. 처음부터 되지 않을 것이라 생각하고 포기하는 것이 아니라 앞으로 나아가기 위해 끊임없이 도전하고 달려나가는 정주영은, 현재 우리 국민들에게 꼭 필요한 결단력과 용기와 추진력을 보여주었다.

때로 그는 무모하다는 말을 듣기도 했다. 안 될 말이라고, 어쩌면 그런 생각을 하느냐며 손가락질을 받기도 했다. 하지만 도전 앞에서 그를 믿어준 사람은 단 한 사람, 바로 자기 자신이었다. 모든 사람들이 돌아서 피해가는 길도 스스로 닦는 것이 정주영식 추진력과 도전정신이었다.

정주영의 사고방식은 참으로 독특하다. 남들이 하찮게 생각하는 것을 사업에 연결시켜서 최고의 수확물을 거둬들인다.

남들이 가지 않은 길은 어떠한가? 수풀이 우거져 있어 처음 발을 떼는 것도 어렵고, 언제 어디서 생명을 위협하는 동물이 나올지 몰라 두려움에 몸을 움츠리기도 한다. 반면 많은 사람들이 다닌 길은 위험이나 불편함 없이 마음을 편안하게 해준다.

전자의 길을 가든, 후자의 길을 가든 그것은 언제나 당신의 선택이다. 늘 전자의 길을 걸었던 정주영의 도전이 어떤 결과를 가져왔는지는 굳이 설명하지 않아도 알 것이다.

위기를 기회로
바꾸는 진보정신

3

정주영이 성공할 수 있었던 것은 운이 좋아서라기보다는 위기를
극복하는 능력과 나아가 위기를 기회로 바꾸는 능력이 남들보다
탁월했기 때문이다. 다른 이들이 위기를 만나 주저앉거나 허탈해
할 때, 그는 본능적인 감각으로 더 열정적으로 미래를 헤쳐나갔다.

신은 누구에게나 공평하게 기회를 준다고 한다. 당신은 신이 주신 기회를 잘 활용하고 있는가? 혹 나한테는 왜 좋은 기회를 주지 않느냐며 불만을 토로한 적은 없는지 묻고 싶다.

기회란 어떠한 일을 하는데 적절한 시기나 경우를 말한다. opportunity란 노력으로 원하던 기회를 만드는 것, chance는 우연히 찾아온 좋은 기회, occasion은 어떤 일을 하기에 적당한 기회를 말한다. 機會는 공교롭게도 보람 있는 고비, 기대하던 그때, 일 하기에 적당한 시기가 온 것 등으로 해석된다. 종합해 보건대 기회란 어떤 일을 하기 위해 노력하여 적당한 때를 만들거나 우연히 찾아오는 적절한 시기나 경우를 말한다.

하지만 기회는 좋은 얼굴로 찾아오지 않는다. 오히려 장애물이나 문제점으로 찾아오는 경우가 더 많아 그것이 기회인지 모르고 놓치는 경우가 많다. 그렇다면 우연히 찾아오는 좋은 기회란 것이 있을까? 사람들은 기회가 갑자기 찾아오는 것이라고 믿지만, 그것은 절대 거저 주어지지 않는다. 기회를 통해 원하는 것을 얻은 사람들은 인고와 노력의 시간들을 묵묵히 견뎌온 자들이다.

똑같은 기회인데도 어떤 이에게는 좋은 기회로, 어떤 이에게는 위험한 기회, 즉 위기로 다가간다. 실제로 '기회機會'와 '위기危機'에는 똑같은 한자인 '기機' 자가 쓰인다. 기회는 좋은 것이지만 위기는 위험한 기회를 말한다 하여, 기회나 위기를 같은 것으로 보기도 한다. 다시 말해 어떤 상황이나 조건이 주어졌을 때 그것을 긍정적으로 보느냐, 부정적으로 보느냐에 따라 현실은 기회가 될 수도 있고 위기가 될 수도 있다.

　수많은 위기를 극복하여 그것을 기회로 바꾸며, 절대 한곳에 머물지 않고 끊임없이 변화를 시도했던 정주영식 위기대처 능력에 대해 배워보자. 당신 앞에 풍전등화風前燈火와 같은 상황이 벌어졌을 때가 하늘이 주신 기회임을 깨달을 수 있을 것이다.

기회는 꿈을 가진 자에게 온다

한국의 국보가 아닌 일본의 국보가 된 〈몽유도원도〉는 안견이 그린 조선 최고의 작품으로, 안평대군 사후에 그 진품이 일본으로 흘러들어가 쉽게 접할 수 없게 되었다.

안평대군이 꿈속에서 무릉도원을 여행한 후 안견에게 말하여 완성된 이 그림은 "이 세상 어느 곳이 꿈꾼 도원인가/은자隱者의 옷차림새 아직도 눈에 선하거늘/그림 그려 보아 오니 참으로 좋을시고/여러 천년 전해지면 오죽 좋을까/그림이 다 된 후 사흘째 정월 밤/치지정에서 마침 종이가 있어 한 마디 적어 맑은 정취를 기리노라"라는 글귀로 시작된다.

지금보다 더 잘살고 싶고, 그도 어렵다면 잠시라도 현실에서 벗어나고 싶은 것은 인류의 오래된 소망이다. 꿈을 꾼다는 것은 무엇일까? 몽유도원도에 그려진 세상처럼 비현실적인 것을 꿈꾸든 미래 가능한 세상을 꿈꾸든, 더 나은 미래를 소망하는 것을 꿈꾸는 사람은 아름다우며 꿈꾸는 자만이 기회를 얻을 수 있다.

　앨빈 토플러와 함께 미래학 대부로 불리는 짐 데이토Jim Dator가 말한 제4의 물결인 드림혁명은 모든 사회가 꿈과 이미지에 의해 좌우되는 꿈의 사회를 뜻한다. 꿈의 사회는 경제성장의 원동력이 기존의 정보에서 꿈과 이미지로 넘어가고, 국가의 핵심경쟁력이 상상력과 창조성에 의해 좌우되는 시대이다. 다시 말해 미래사회는 꿈만 꾸면 원하는 대로 이루어지는 곳이다. 꿈만 꾸면 이루어지는 사회에서는 누구보다 강한 꿈에 대한 열망으로 상상의 날개를 펼쳐 날아올라야만 성공할 수 있다.

　"여러 천년 전해지면 오죽 좋을까?"라는 안평대군의 바람처럼 꿈의 사회에서 오래 남을 수 있는 강한 생명력을 갖기 위해서는 그 꿈을 이루기 위한 기회를 보는 안목을 길러야 한다.

　초고속 성장가도를 달리고 있는 두바이를 보면 창조와 상상력, 그리고 꿈과 기회의 4박자가 가장 잘 어우러진 21세기판 무릉도원이라는 생각이 든다.

　약 1세기 전 두바이는 작은 촌락에 불과했다. 그러나 석유가 발견되고 개발이 이루어지면서 고속도로가 뚫리고 하늘을 찌르는 마천루가 들어서서 사막 위의 신기루처럼 도시가 만들어졌다. 그렇다면 두바이는 석유가 나오는 우연한 기회를 잡은 그저 운이 좋은 나라일까, 아니면 그저 지나칠 수 있는 우연을 기회로 삼은 사막 위의 드리머dreamer였을까?

정주영은 대한민국이 꿈꾸는 것을 실현하기 위해 손을 걷어붙이고 현장을 누빈 우리의 진정한 드리머이다. 그는 일찍이 큰 뜻을 품고 사업가가 되겠다는 꿈을 가지고 끊임없이 성공으로 향하는 길을 모색한 사람이다. 자신의 꿈을 향해 쉬지 않고 달려가는 사람은 자신에게 찾아온 기회를 볼 줄 아는 안목을 가지게 되는 법이다. 만약 신이 주신 기회가 세 가지라면 과연 신은 정주영에게 어떤 기회를 준 것일까?

어쩌면 누구보다 열심히 일해 쌀가게 주인의 눈에 들어 가게를 물려받은 것이 첫 번째 기회요, 쌀가게를 운영하여 번 돈으로 자동차 관련 기계를 사서 정비소를 연 것이 두 번째 기회요, 아도서비스를 인수하면서 자동차 수리공장을 차린 것이 세 번째 기회였을지 모른다.

기회는 아주 사소한 노력과 실천으로부터 오는 것이 아닐까? 그의 작은 노력들이 모여 더 큰 기회의 씨앗들을 낳고 그것들이 알알이 열매로 맺어져 지금의 '현대'가 된 것이다.

정주영은 자신에게 찾아오는 어떤 기회도 놓치지 않고 성공의 기회로 삼았다. 그에게는 남들에게 그냥 스쳐지나갈 작은 일조차도 기회로 바꾸는 탁월한 능력이 있었다. 하지만 아무리 좋은 기회라도 그것을 꿈꾸고 그 기회를 제대로 이용하지 못한다면 성공은 내 것이 될 수 없다.

정주영은 비록 시골의 빈농에서 태어났지만 사업가가 되겠다는 꿈을 가지고 있었기에 경험하는 것이 모두 기회였다. 주변에서 성공한 사람들을 살펴보면 대체적으로 모두 부지런하다. 아니 100퍼센트 부지런하다고 장담할 수 있다. 그들은 항상 자신의 꿈을 향해 끊임없이 생각하고 움직인다.

그러나 자신이 불행하다고 생각하는 사람들은 확실히 게으르다. 그들은 몸을 움직이지 않고 그저 머리와 입으로 아직은 시기상조라며 기회를 기다리고 있다고 말한다. 하지만 안타깝게도 그들에게 돌아갈 기회란 없다.

우선 자신이 원하는 게 무엇인지 종이에 적어보자. 그리고 실천하자. 언젠가는 당신에게 가장 잘 어울리는 기회가 손안에 들어올 것이다.

두바이와 현대의 사례에서 볼 수 있듯이 미래는 꿈과 상상력의 크기에 따라 달라진다. 꿈과 상상력이 기회를 주는 것이다. 따라서 당신이 성공할 수 있는 기회를 갖고 싶다면 먼저 꿈을 꾸어라. 그러면 기회는 기다리지 않아도 온다.

한국전쟁 후 급성장한 한국에 대해 많은 사람들이 입버릇처럼 '한강의 기적'이라고 말한다. 하지만 정주영은 그것을 가리켜 기적이라고 말하지 않았다. 그는 경제에는 기적이 있을 수 없으며, 그것은 국민들의 진취적인 기상과 개척정신, 그리고 열정으로 이뤄낸 것이라고 말한 바 있다. 위기를 기회로 바꾼 대한민국과 그 발자취 속에 늘 등장하는 정주영이 많이 닮아 있는 듯하다.

어려운 때일수록 진취적 기상과 모험심, 불같은 열정으로 부단히 노력
하고 극복하여 배운다.

올바른 선택은
최선에서 나온다

사람은 항상 선택의 기로에 서 있

다. 어떤 선택을 하느냐에 따라 자

신의 인생이 달라지므로 선택의 순간에 놓여 있을 때 사람들은 많

은 고민을 하게 된다.

만약 현 직장에서 인정을 받고 있는 상황에서 타 동종업체에서

높은 연봉을 제안하며 스카우트 제의를 한다면 어떻게 하겠는가?

지금 있는 직장은 중소기업으로 당신을 신뢰하여 다양한 업무를

경험할 수 있도록 배려해주고 있으며 앞으로 성장할 가능성이 있

는 회사이다. 그러나 타 업체는 높은 연봉은 물론, 일의 전문성을

업그레이드시킬 수 있는 대기업이다. 회사와 함께 성장할 것인가.

대기업으로 가서 자신의 퀄리티를 높일 것인가? 선택은 언제나 그렇듯 당신에게 달려 있다.

사소한 일에 대한 결정은 잘못된 선택을 한다고 하더라도 되돌리거나 쉽게 만회할 수 있지만, 인생을 좌지우지할 만큼 중요한 일은 한 번의 선택으로 낭패를 볼지도 모른다.

문제는 오랫동안 고민을 한다고 해서 꼭 옳은 결정을 내리는 것은 아니라는 점이다. 오히려 시간만 낭비하면서 기회를 놓치거나, 시간이 지남에 따라 선택 자체를 포기해버리는 경우도 많다.

성공하는 사람들을 보면 결정의 순간에는 망설임 없이 과감한 결단력으로 사안을 선택한다. 하지만 그들도 사람이다. 왜 망설임이 없겠는가? 단지 다른 점이 있다면 성공한 사람들은 자신의 선택에 대해 발생할 수 있는 위험을 최소화하기 위해 최선을 다하며 한 번 결정한 것에 대해서는 끝까지 믿음을 저버리지 않는다.

오늘날 현대라는 거대한 기업을 이끈 정주영도 경영을 하는데 있어서 수많은 선택의 순간을 맞이해야 했다. 한국경제가 공업화를 서두를 때 그는 순수하게 우리 기술로 자동차를 생산했으며, 한국 경제가 중화학공업에 나섰을 때에는 '조선 입국'을 선언하며 조선산업에 대한 투자를 선택했다. 또 1980년대 말부터 1990년대 초까지 많은 기업들이 불경기로 구조조정을 단행할 때도 첨단산업에 과감하게 투자하는 것을 선택했으며, 남들이 소비지향적인 산업을 선택할 때 미래지향적인 분야를 선택하여 기업의 체질을 개선하고자 하였다. 그 결과 대부분의 기업들이 현상 유지를 하거나 침체될 때 현대는 자동차, 조선, 반도체, LNG선, 자기부상열차 등 미래지향적인 고부가가치 제품을 생산하여 세계 유수의 기업들과 당당히 어깨를 겨룰 수 있게 되었다.

이처럼 정주영은 항상 현재의 주어진 상황에 안주하지 않고 미래 지향적인 산업을 선택하여 기업들이 한국경제의 선진화를 위해 나아갈 방향을 제시하고, 미래의 산업을 개척해나가는 프론티어로서의 역할을 수행했다.

1970년대 초 팔당댐 입찰 현장으로 가던 정주영이 직원들과 압구정동 배나무 밑에서 점심식사를 한 적이 있다. 점심식사를 하던 그가 문득 직원들에게 말했다.

"팔당은 포기하고 돌아가자. 여기에 집을 짓는 게 더 좋겠다."

하지만 당시는 아파트 붐이 일어나기 전이라 4차 직공 전까지도 분양이 되지 않았고, 아무것도 없는 강남보다는 강북을 더 선호하던 시절이었다. 집을 지어보자는 말을 들은 직원들은 하나같이 어리둥절했지만 정주영의 말에 일언반구도 하지 못하고, 그 길로 압구정 땅을 매입하기 시작했다. 훗날 그곳은 오늘날의 압구정 현대아파트가 되었다. 압구정 개발계획을 담당했던 관계자에 의하면 당시 웬만한 부동산 전문가도 압구정동 배나무밭의 가치를 알지 못했을 정도라니, 정주영의 선견지명이 얼마나 값진 것인지 알 수 있다.

지금처럼 급변하는 시대에 선택을 한다는 것은 개인이 처한 상황에 따라 많은 변수를 가져온다. 가령 마트에 가보면 예전에는 소품종 다량생산으로 선택의 폭이 좁았지만, 요즘은 다품종 소량 생산으로 다양한 종류의 비슷한 물건들 속에서 필요한 것을 선택해야 한다. 이런 생필품조차도 선택을 잘못하면 그 제품을 다 사용할 때까지 마음이 불편하다. 하물며 자신의 인생은 어떻겠는가? 선택은 되돌릴 수 없는 시간 속에 있다.

이 세상에는 세 가지 종류의 사람이 있다. 일을 저지르고 나중에 수습하는 사람, 고민만 하다가 일을 시작도 못하는 사람, 그리고 충분히 고려해서 자신의 목표를 달성하는 사람이 있다.

살다 보면 수많은 선택을 하게 되고, 그에 따른 기회도 주어지게 마련이다. 잘 선택해서 원하는 성공을 이룬 사람도 있지만 잘못된 선택으로 인해 인생을 망치는 경우도 많다. 나폴레옹처럼 전쟁에서 항상 이기는 사람, 정주영처럼 기회를 행운으로 만들 수 있는 사람이 되기 위해서는 자신이 처한 상황이나 문제를 충분히 고려하고 그것이 결정되면 바로 실천으로 옮기는 습관을 가져야 한다.

선택은 당신에게 행운의 기회가 되기도 하고, 불행을 안겨주는 위기가 되기도 한다. 기회는 동전의 양면과도 같다. 탁월한 선택을 한 사람은 정주영처럼 세상이 주목하는 큰 인물이 될 수 있지만, 반대로 선택을 잘못하면 회복할 수 없는 절망의 늪에서 허우적거릴 수도 있다.

정주영도 자신의 선택에 대해 분명히 갈등이 있었다. 단, 다른 점이 있다면 그는 일단 선택을 하고 나면 그것을 성공시키기 위해 최선을 다했다는 것이다. 즉흥적인 선택으로 불가능한 일에 발을 들여놓았다고 해도, 그 길을 선택한 자신을 믿고 노력한다면 그 선택으로 위대한 결과물을 맛볼 수 있다.

부지런은
명석함을 이긴다

미국의 정치가 벤저민 프랭클린은 "근면은 시간을 허비하지 않는다. 항상 유익한 일을 하라. 필요치 않은 행동은 잘라버려라. 부지런함은 모든 선의 근본이다. 게으르면 어떤 기회도 오지 않고 기회가 왔다고 해도 기회를 잡지 못한다"라고 말했다.

"나는 이렇게 성공했다"는 식의 책이나 강연을 접해보면 빠짐없이 나오는 얘기가 바로 '부지런함'이다. 왜 성공에는 부지런함이 항상 따라다니는 것일까?

부지런하고 성실한 사람에게는 항상 행운이 함께한다. 바로 성실함으로 인해 더 많은 기회에 노출되기 때문이다. 남들보다 더 열심히 노력하는 사람들은 어려움이 닥쳐도 포기하지 않고 꾸준히 나아가기 때문에 기회와 마주할 일이 많다.

정주영은 생전에 부지런하고 즐겁게 일하는 것으로 유명했다. 그는 자서전에서 "사람은 누구나 나쁜 운과 좋은 운을 동시에 가지고 있는데, 좋은 운을 믿고 열심히 일하는 사람에게는 나쁜 운이 들어갈 틈이 없다. 운이 나쁘다고 말하는 사람을 자세히 살펴보면 대개 게으르다. 나는 노력이 좋은 운을 만들어주었다고 생각하며 부지런한 사람에게는 좋은 운이 더 많이 생긴다고 강조하고 싶다"라고 말했다. 또한 "운이란 시간을 말하는 것인데 하루 24시간, 1년 사계절 중에서 즐겁게 일할 수 있는 시간이 좋은 운運을 만드는 것이다"라고 말하기도 했다.

정주영은 젊었을 때부터 새벽에 일찍 일어나는 습관이 몸에 배어 있었다. 쌀가게에서 일하던 시절부터 누구보다 먼저 일어나 문을 열고 점포를 정리했던 그는 자신이 사업을 하던 시절에도 새벽 3시면 어김없이 일어나곤 했다. 그가 일찍 일어나는 이유는 그날 할 일에 대한 기대와 흥분 때문이었다. 아무리 고된 일을 하더라도 밤이 되어 일을 마치고 돌아오면 잠을 달게 잘 수 있어서 즐겁고, 피곤하게 일해도 밥맛이 좋아서 행복했다. 오죽하면 그가 새벽에 일어나 해가 빨리 뜨지 않는다고 역정을 냈다는 일화가 있겠는가.

정주영의 근검절약과 근면성은 그의 부모님으로부터 시작된 것이다. 6남1녀 중 장남이었던 그의 아버지는 동네에서도 소문난 부지런한 농사꾼이었으며 어머니 또한 집안일을 하다가 조금만 여유가 생겨도 베틀에 앉아 옷감 짜는 일을 게을리 하지 않았다고 한다. 그러나 집안에는 어미가 물어다주는 먹이를 기다리는 어린 참새들이 한둘이 아니었다. 가난은 결국 정주영을 10살 무렵부터 아버지를 따라 밭으로 내몰고 말았다. 정주영의 부지런함은 부모님으로부터, 그리고 어린 시절의 습관으로부터 배운 것이라 하겠다.

이른 새벽 공사현장을 허락 없이 돌아다니는 자동차의 주인공은 어김없이 정주영이었다. 경비들은 쏟아지는 잠을 참으면서 차 소리가 나면 어김없이 벌떡 일어났고, 다른 직원들도 불시에 공사현장에 들이닥치는 정주영 때문에 일을 게을리 할 수 없었다. 직원들 입장에서 보면 부지런한 상사는 부담스럽다. 상사가 부지런한 만큼 더 발빠르게 움직여야 하기 때문이다. 하지만 오랜 시간 동안 몸에 밴 부지런한 습관과 노력은 직원들을 독려하기에 충분했고 그들의 능력을 이끌어내기에 부족함이 없었다.

정주영은 자신의 부지런함을 말로 앞세우지 않고 행동으로 모범을 보여주기 위해 노력했다. 특히 자녀들을 '아침형 인간'으로 키우는 데 신경을 썼다. 언젠가 정주영이 그의 아들들과 함께 걸어서 출근하는 사진을 본 적이 있다. 그것은 부지런해야 큰일을 할 수 있다는 것을 자식들에게 보여주고자 했던 아버지의 심정이 자, 기업가의 충실한 모습이었다.

그의 가족은 아침 6시에 하루를 시작했고, 온 가족이 모인 밥상 머리에서 자녀교육이 이뤄졌다. 중요 의사결정과 토의는 주로 머리회전이 활발하고 집중력도 높은 아침시간에 처리했다. 이렇게 그는 아침시간을 중요하게 여겼으며 누구보다도 훌륭히 활용할 줄 알았다.

정주영은 타고난 천재보다는 열심히 일하는 사람을 좋아했고, 열심히 일하는 사람보다는 일을 즐기는 사람을 선택했다. 이처럼 정주영이 성공할 수 있었던 것은 남들보다 더 부지런했기 때문이다. 기회가 항상 찾아올 수 있도록 했으며 그 부지런한 습관은 일을 즐기는 열정적인 마음을 만나 위기조차도 기회로 바꾸어 놓았다.

인도 격언에 "달리기보다 걷는 것이 좋고 걷는 것보다 서는 것이 좋으며, 서 있는 것보다 앉는 것이 좋고 앉는 것보다 눕는 것이 좋다"라는 말이 있다. 이것은 인간이 가진 게으름에 대한 욕구로 게으름은 더 많은 게으름을 요구한다는 뜻이다. 게으름은 스스로의 발전을 정지시키고 도태시킨다. 이렇듯 게으름은 어떤 일에서든 성공과 거리가 멀어지게 만든다.

입과 머리로만 부지런한 사람들은 스스로를 부지런하다고 생각한다. 머리에 늘 좋은 계획과 거창한 목표가 있기 때문에 막상 실천하지는 않지만 뿌듯한 마음에 사로잡히곤 한다. 그런데 겉치레로 부지런하고 항상 바쁜 척하는 사람들은 결과물이 없다는 것이 문제다. 그들은 게으른 사람과는 분명 다르지만 속을 들여다보면 중요한 일, 꼭 해야 할 일을 먼저 하는 것이 아니라, 당장 눈앞에 보이는 이익을 좇아다니다 보니 바쁘기만 하고 정작 실속은 없다.

당신은 어떤 사람인가? 만약 당신이 눈앞의 이익만을 좇아다니는 사람이라면 지금 당장 무엇이 중요한지 다시금 생각하고 부지런히 움직여야 한다.

위기를
기회로 바꿔라

1998년 한국은 경제적 난국을 경험했다. 당시 많은 가장들이 길거리로 내몰렸고 하루아침에 사라지는 기업들이 부지기수였으며, 일하지 못하는 젊은이들도 넘쳐났다. 나라에 닥친 경제적 위기는 국민들을 나락으로 내몰았고, 국가신용도가 떨어질 대로 떨어진 상태에서 우리를 구제해줄 어떤 기관도 존재하지 않았다. 하지만 대한민국은 그 위기를 기회로 바꾸고자 했던 국민들 한 사람, 한 사람의 힘으로 IMF에서 빌린 돈을 3년 만에 모두 갚을 수 있었다.

절망에 빠져 있는 사람들은 자신에게는 평생 동안 인생을 바꿀 터닝 포인트가 없었다며 불평불만을 토로한다. 그러나 그 사람에게도 기회는 분명히 있었다. 단지, 절망에 빠진 사람은 자신의 상황에 대한 부정적인 생각으로 기회를 만날 수 있는 여력이 없었을 뿐이다. 어쩌면 기회를 보고도 실패에 대한 두려움으로 도전하기를 주저했을지도 모른다. 만약 절망에 빠진 사람이 희망을 가지고 현재의 위기를 극복하기 위해 노력한다면 언젠가는 자신에게 온 기회를 발판으로 일어설 수 있을 것이다.

정주영의 성공은 운이 좋아서라기보다는 위기를 극복하는 능력, 나아가 위기를 기회로 바꾸는 능력이 남들보다 탁월했기에 가능했다. 다른 이들이 위기를 만나 주저앉거나 허탈해할 때, 그는 본능적인 감각으로 더 열정적으로 이를 헤쳐나갔다. 그에게 위기는 기회였으며 위기가 클수록 정주영의 돌파력은 더 강렬하게 발휘되었다.

정주영은 1940년 4월, 자동차정비공장을 설립한 지 한 달여 만에 화재로 공장을 잃는 위기를 맞았다. 더욱이 화재로 공장이 잿더미가 되었을 때까지 공장을 짓느라 빌린 돈을 다 갚지도 못한 상태였다. 그는 작은 사고로 빚더미에 앉아 곧 패가망신할 상황이었고, 함께 일하던 근로자들도 하루아침에 일터를 잃게 되었다.

하지만 정주영은 다시 시작하는 것을 주저하지 않았다. 다시 공장을 세우기 위해 돈을 빌리러 다녔다. 다행히 평소 정주영의 신용을 인정했던 많은 사람들이 그의 성실과 신용을 믿고 투자하는 마음으로 돈을 꿔주었다.

하지만 위기는 거기서 끝나지 않았다. 1941년 12월, 일본의 진주만 공습이 시작되면서 태평양전쟁이 발발하자 사태가 급변하기 시작했다. 일본이 전쟁수행 체제로 돌입하면서 전국의 모든 공장을 강제로 통폐합하는 기업 정리령을 내렸고, 결국 그의 공장도 종로에 있는 일진 공작소에 강제로 흡수되고 말았다.

뜻하지 않게 공장을 빼앗기고 낙향하게 된 정주영은 일제의 징용을 피하기 위한 고육지책으로 홀동금광의 광석을 황해도 수안군에서 평양 선교리와 전남포 제련소 등지로 운반해주는 일을 했다. 징용이라는 위기를 기회로 바꾼 것이다. 기회는 기회의 꼬리를 물었고, 해방 후 드디어 현대그룹의 모태라고 할 수 있는 현대자동차공업사의 문을 열게 된다.

오늘날 세계 최고의 조선업을 이끄는 현대중공업이 되기까지는 절망도 많았다. 조선업을 시작한 지 불과 몇 년 안 되어 발생한 석유파동으로 선주들이 주문한 배를 인도해가지 않아 현대 측은 당황하지 않을 수 없었다. 배를 건조하기 위해 모든 비용을 지출한 상태에서 배를 인수해 가지 않으니 현대조선소로서는 막대한 타격이 아닐 수 없었다. 직원들은 절망에 빠졌고, 회사 입장에서도 당장 어찌할 도리가 없었다. 자신들이 만든 배가 나가지 못하는 것에 대한 실망과 함께, 막대한 손해로 파산의 위기에 직면했기 때문이다. 많은 사람들이 집채만 한 배를 버릴 수도 그렇다고 마냥 재고로 떠안을 수도 없는 회사의 사정에 대해 부정적인 시각을 던졌다.

그러나 정주영의 생각은 달랐다. 그는 남은 배를 어떻게 활용할까 고민한 끝에 해답을 내렸다.

"해운회사를 차려야겠다."

그는 1976년 아세아상선으로 창립하여 초대형 유조선 세 척의 운항을 개시했고, 이후 컨테이너 영업을 시작하여 1997년 세계 8위의 해운회사로 도약하는 계기를 만들었다.

만약 위기 속에서 자포자기했다면 그는 지금 어떤 위치에 올라 있을까? 정주영은 어떠한 위기 속에서도 좌절하지 않고 도전하여 위기를 기회로 만들었을 뿐만 아니라, 그 기회를 잘 활용하여 현대를 한 걸음 더 성장시키는 발판으로 삼았다.

"손해라기보다는 좀 비싼 수업료를 낸 셈이죠."

이 말은 정주영이 태국 고속도로공사에서 막대한 손해를 보고 한 말이다. 이렇게 큰 손해와 위기를 긍정적으로 볼 줄 아는 것도 성공하는 사람들의 특징 중에 하나이다. 사실 위기를 기회로 바꾼다는 것은 생각처럼 쉬운 일이 아니다. 당장 상황이 급박한데 어떻게 위기를 기회로 바꾼단 말인가! 이것은 평소 건강한 생활 태도와 생각의 전환에서 나온다고 할 수 있다.

앞으로 위기 상황이 닥치면 단지 위기 상황에 대해 한탄만 할 것이 아니라, 자신이 얼마나 일상에 충실했는지 되돌아보고 기존의 방식과 다른 새로운 각도로 문제를 해결해보자.

05 생각은 행동이 되고 행동은 습성을 만들며, 습성은 성품을 만들고 성품은 인생의 운명을 결정한다.

항상 미래를
준비하라

할 수 있다는 정주영의 믿음은 미래의 삶을 창조하는 원동력이다. 그 믿음은 원하는 것을 현실로 이루어지도록 하는 창조력이다. 강력한 믿음에 대한 영향력은 믿음에 대한 잘못된 사례를 보면 더 쉽게 이해할 수 있다.

론다 번의《시크릿》에서 말하듯이 "난 안 돼", "난 할 수 없어"라는 부정적인 생각은 결국 자신이 원하지 않는 일을 끌어당긴다. 누구라도 원치 않는 일들이 연이어 발생되어 곤욕을 치른 적이 있을 것이다. 이런 연쇄반응은 당신이 인식했든 못했든, 작은 생각 하나에서 비롯된 것이다. 나쁜 생각 하나가 그와 같은 나쁜 생각을 끌어당기고, 다시 극단적인 생각을 가져와 결국 실제로 나쁜 일로 이어지기도 한다.

정주영은 누구보다 강한 믿음으로 미래를 내다볼 줄 아는 사람이었다. 그는 미래의 삶을 변화시킬 산업이나 분야에 대해 뛰어난 감각으로 직감했으며 한 번 옳다고 판단한 일은 망설임 없이 추진했다. 그중에서도 세계적 굴지회사인 현대건설의 모태였던 현대토건은 미래를 준비하는 그의 감각을 가장 잘 엿볼 수 있는 부분이다.

그의 머릿속에 그려진 해방 후는 어떤 모습이었을까?

'전쟁으로 가옥이나 교량, 도로 등은 부서지고 무너져 지금 공사할 곳이 전국 곳곳에 널려 있다. 거리에는 할 일 없는 사람들이 넘쳐나 건설 인력의 수급이 원활할 테니, 적은 자본으로 복잡한 절차 없이 회사를 세울 수 있겠지?'라고 생각했다. 그리고 많은 인력이 필요한 건설업이 앞으로 더 성장할 것이라는 생각에 바로 정비공장 한켠에 현대토건을 세웠다.

해방을 맞이하면서 정주영의 예견은 정확히 적중했다. 건설 경기는 차츰 활기를 띠었을 뿐만 아니라, 미군정이 들어서면서 긴급 미군관계공사가 시작되어 당시 건설업계의 활성화에 힘이 되었다. 그러나 건설 붐의 조성은 3천여 개의 건설 관계 군소업체가 난

립하게 하는 요인이 되었고, 경쟁도 무척 치열했다. 그 치열한 전쟁터에서 살아남기 위해서는 무엇보다 자신만의 생존 전략이 필요했다.

일제강점기 때 일본은 한반도에 철도를 부설하고 항만을 건설하는 등 활발한 건설 활동을 벌였지만, 한국인들을 건설현장의 노동자로 이용했을 뿐 정작 중요한 일은 맡기지 않았다. 그러다 보니 자연히 해방 후 우리 기술로 할 수 있는 일이 없었고, 이 때문에 기술진을 확보하는 것이 무엇보다 중요했다. 결국 정주영은 고심 끝에 공업학교 출신의 교사를 중심으로 기술진을 보강하면서 기능공을 중심으로 기술력을 강화해나갔다. 그 결과 다른 경쟁업체들보다 전문 인력을 충분히 확보할 수 있었고, 이 일이 차츰 알려지게 되면서 크고 작은 공사를 하나씩 따낼 수 있었다.

그후 1970년대 중반, 1차 석유파동으로 인해 국내 경기가 침체되면서 국내 건설 산업에 위기가 왔지만, 그는 중동으로 산업을 넓혀 위기를 극복했다. 석유파동으로 인한 여파가 천천히 줄어들면서 국내 경기의 회복과 더불어 아파트 등 민간주택 건설 붐이 일기 시작할 때 중동에서 진가를 발휘한 현대건설은 그 기회를 이용해 국내에서 자리를 굳건히 했다.

만약 정주영이 자동차 정비공장으로 만족했다면 굴지의 현대자동차만 있었을 뿐, 현대건설은 존재하지 못했을 것이다. 또한 현대토건을 세우고 국내시장에서만 건설사업을 수주했다면 국내시장에서만 통하는 현대건설만 있었을 뿐, 세계가 알아주는 오늘날의 현대건설은 없었을 것이다. 오늘날처럼 현대자동차나 현대건설이 세계적인 회사로 성장하는 데는 미래를 내다보고 늘 새로운 것을 준비하는 정주영이 있었기 때문이다.

정주영의 성공은 현실에 안주하지 않고 변화하는 미래를 예측하고 대비하여 기회를 맞이했기 때문에 가능한 것이다.

미래를 준비하기 위해서는 과거를 활용하는 능력을 길러야 한다. 먼저 미래는 과거의 시간을 밟아온 발자국들이며, 앞으로 나가고자 하는 사람들의 좋은 지침서이므로 이를 잘 활용하고 이해하는 것이 중요하다. 과거의 것을 올바르게 이해했다면 그 다음은 과거를 파괴해야 한다.

단, 이 파괴는 과거를 비난하거나 하대하는 것이 아니라 창의적이어야 한다. 정주영의 창의적인 도전정신은 과거를 잘 활용한 대가이며, 그 결과물이라고 할 수 있다. 미래를 제대로 보기 위해서는 과거를 창의적으로 파괴하는 데서 시작한다는 사실을 잊지 말자.

끊임없이
변화를 시도하라

머슬로우가 말한 안정의 욕구, 즉 육신의 보금자리, 경제적 안정과 정서적 안정은 인간의 근본적인 욕구이지만, 바꿔 말해 인간은 누구나 변화에 대한 두려움을 가지고 있다는 것을 역설하고 있다. 영화 〈쇼생크 탈출〉의 브룩스라는 인물은 50년 만에 석방되지만 바깥세상에 대한 두려움으로 다시 범행을 저질러 감옥으로 들어가고 싶어 한다. 그가 진정으로 감옥을 그리워한 것일까? 아니다. 그는 안정의 욕구를 누리고 싶었던 것이다.

하지만 변화하고자 하는 사람은 절대 안정을 좇지 않는다. 항상 새로운 것에 목말라 하며 현실에서 부족한 부분을 채우기 위해 노력한다. "나는 힘이 센 강자도 아니고, 그렇다고 두뇌가 뛰어난 천재도 아닙니다. 날마다 새롭게 변했을 뿐입니다. 그것이 나의 성공 비결입니다"라는 빌게이츠의 말처럼 변화의 힘은 이 세상 어느 것보다 영향력이 있다.

또한 안정된 상태에서 기회가 찾아오기란 쉽지 않다. 안정된 상태에서 시간만 보내면서 기회를 기다린다면 오히려 세상의 변화에 제대로 적응을 하지 못해 사회에서 도태되기 쉽다.

얼마 전 미국의 월스트리트 저널에서 "현대차는 왜 미국에서 성공하고 있는가"라는 제목의 칼럼을 내보낸 적이 있다. 전 세계 자동차 판매 순위 4위라는 기염을 토해내고 있는 현대의 눈부신 성장에 박수를 보내면서, 미국이 현대차에 한 수 배워야 한다고 말했다. 그렇다고 현대차가 전 세계 시장을 모두 장악한 것은 아니다. 가령 일본시장의 문은 여전히 완강한 상태이다. 만약 정주영이 이 사실을 안다면 어떤 표정일지 자못 궁금하다. 필자가 말할 수 있는 것은 적어도 그는 거대한 일본시장의 수요를 가만히 두고 보지는 않았을 것 같다. 굳게 닫힌 문을 열기 위해 변화를 꾀했을 것이 틀림없다.

정주영은 직원들이 항상 변화하길 원했으며, 한곳에 안주하는 것을 절대 용납하지 않았다. 자신의 삶에 있어서도 안주하지 않으려 했으며 언제나 변화를 향해 달리고자 노력했다.

그는 농부로서 시골생활에 안주하며 아버지의 뒤를 따를 수도 있었지만, 도시로 가는 변화를 시도했다. 또한 도시생활에서 노동자로 인생을 끝낼 수 있었지만, 노동자로 전전하기보다는 사업을 해야겠다는 마음으로 쌀집을 인수받고, 그곳에서 새로운 미래를 준비하기 위해 자동차 정비공장을 시작했다. 그후로도 그는 쉬지 않고 현대토건을 세워 건설업에 진출하였으며 국내 최초의 조선소를 세워 세계 굴지의 현대중공업을 만들었다.

찰스 다윈은 '진화론'에서 "결국 살아남는 종種은 강인한 종도 아니고, 지적 능력이 뛰어난 종도 아니다. 결국 변화에 가장 잘 적응하는 종種이 살아남는다"고 말했다. 변화는 거대한 파도와 같아서 아무런 대비 없이 맞선다면 휩쓸려 사라지지만, 서핑보드를 들고 파도와 맞선다면 구름을 타는 듯한 환상적인 경험을 하게 될 것이다.

아무런 준비 없이 변화의 소용돌이에 휘말리지 말고, 파도를 타고 서핑을 즐기듯 변화의 시류에 당당히 맞춰서 그것을 즐기고 주도하라. 기회는 변화에 따라 자유자재로 춤출 수 있을 때 나비처럼 날아와 성공의 꽃씨를 뿌려준다.

정주영은 변화의 시류에 맞춰 미래를 준비하여 성공할 수 있었다. 그의 일생을 보면 매사에 강한 추진력을 가지고 밀고 나갔다.

변화에 대한 강한 추진력은 변화를 두려워하지 않고 즐길 줄 아는 강한 도전정신이다. 변화하는 세상에 넋을 놓고 있다가는 얼떨결에 변화와 유행의 바람에 휩쓸리기 쉽다. 이에 그는 변화하지 않으려는 사람들에게 "해보기나 해봤어!"라고 경고를 하고 있다.

요즘 학생들에게 장래희망을 물어보면 절대로 비현실적인 대답을 하지 않는다. 공무원, 선생님 등 안정적인 삶이 보장된 꿈을 말하거나, 돈을 많이 벌어 편하게 살고 싶다고 대답한다. 그런 말을 들을 때면 왠지 씁쓸한 웃음이 나온다. 스스로 불안정한 삶을 살고 있다고 생각하는 부모세대들이 주입시켜놓은 꿈에 불과하기 때문이다. 부모로서 자녀들이 안정된 삶을 살기 바라는 것은 말리지 못하겠지만, 안정된 삶을 추구하느라 정작 자신의 꿈을 버리고 살게 될까 걱정이 앞선다.

성공하는 사람들은 시대의 변화에 따라서 변화하기보다는 시대의 변화를 예측하고 이보다 먼저 변화한다. 먼저 변화를 하고 기회를 기다리다 보니 매번 그들의 인생은 행복할 수밖에 없는 것이다. 물론 기다리거나 도전하는 과정은 남들이 알지 못하는 개인적인 어려움이 충분히 있을 수 있지만, 그로 인해서 얻는 행복이나 성취감은 그동안의 고통을 잊게 해줄 것이다.

안정적인 삶은 풍요로운 여가를 선사해주며, 걱정과 근심으로부터 보호막이 되어준다. 하지만 우리 모두가 그러한 생각을 지니고 안정적인 삶을 추구하기 위한 생각만 한다면 이 세상에서 얻을 수 있는 기회는 없거나 점점 줄어들 것이다. 인간의 본성을 거슬러 변화를 잘하는 사람과 변화를 즐기는 기업이 더 경쟁력이 있고 성공할 기회를 만나기도 쉽다.

정주영은 가만히 앉아서 기회를 기다린 적이 없다. 기회를 만들기 위해 도전을 했고, 간절히 원한 만큼 최선을 다했으며, 그 결과 기회가 제발로 찾아오게 된 것이다. 기회가 오지 않는다고 하늘을 원망하지 말고 그것을 만들기 위해서 변화를 시도해보라. 당신 자체가 기회의 열쇠임을 깨닫게 될 것이다.

상대방의 꾀에
넘어가지 마라

중국 송나라의 저공이라는 사람은 원숭이를 무척 좋아했다. 처음에는 한 마리로 시작했는데, 좋아하는 마음이 점점 더 커지고 그 수가 많아지자 빠듯한 살림에 도무지 먹이를 감당할 수가 없었다. 저공이 원숭이들에게 "도토리를 아침에 3개, 저녁에 4개로 제한하겠다"고 말하자, 원숭이들은 화를 내며 아침에 3개를 먹고는 배가 고파서 못 견딘다고 했다. 그리하여 저공은 순간 꾀를 써서 아침에 4개를 주고 저녁에 3개를 주겠다고 말해 원숭이를 달랬다는, 조삼모사朝三暮四에 얽힌 이야기이다.

계략은 달콤한 감언이나 회유, 때로는 협박으로 우리를 짓누른다. 그런데 이때 만약 상대의 의중을 정확하게 간파하지 못하고 그들의 꾀에 넘어간다면 당신이 가진 것을 모두 빼앗길지도 모른다.

상대가 나에게 무엇을 원하는지 간파하는 것은 원만한 인간관계를 위해서도 중요하며, 경쟁에서 상대 혹은 현상의 숨겨진 본뜻을 간파하는 것만큼 뛰어난 전략은 없다. 그런 의미에서 정주영은 굉장히 뛰어난 전략가라고 할 수 있다. 어떤 상황에서도 냉철하게 상황을 판단하고 상대의 의중을 꿰뚫는 심미안을 가지고 있기 때문이다.

현대건설은 '20세기 최대의 역사役事'로 알려진 사우디아라비아가 주베일 산업항 공사를 계획하고 있다는 이야기를 뒤늦게 들었다. 하지만 그때는 이미 선진국의 대형 건설업체들이 몇 년 전부터 입찰을 준비해온 시점이었다. 모두가 늦었다고 생각했을 때 정주영은 과감히 출사표를 던졌고, 기적처럼 세계 굴지의 기업들을 제치고 9억 3천만 달러라는 금액으로 입찰에 성공했다. 거기까지는 좋았다.

입찰이 끝난 지가 오래되었는데 사우디 발주처에서는 네고(계약 이전의 협의)에 대해 일언반구도 없었다. 정보통을 이용해 알아보니 그야말로 온갖 소문이 난무하고 있었다.

"현대의 입찰 가격으로는 절대로 공사를 할 수가 없다, 한국은 후진국이다, '현대'의 기술, 자본, 경험은 아직 대단히 유치한 단계이다, OSTT(외항 유조선 정박 시설)가 무엇인지도 모르는 엉터리라는 증거가 바로 9억 3천만 달러이다, 말도 안 되게 싼 입찰 가격이다, 한 번도 해양 공사 경험이 없는 '현대'가 하룻강아지 범 무서운 줄 모르고 까분다⋯⋯."

그들의 중상모략은 이루 말로 다할 수가 없었다. 사우디 왕족들에게 막강한 영향력을 갖고 있다는 사우디아라비아의 어느 무기 수입상은 "현대가 주베일 산업항 공사를 따면 내 오른팔을 내놓겠다. 잘라라" 하고 공공연하게 호언장담하고 다닌다는 말도 나돌고 있었다.

정주영은 사우디 발주처가 사방에서 들어오는 압력과 한국에 대한 중상모략에 속아 불안을 느껴 네고 연락을 하지 않고 있는 것이 확실하다고 판단했을 때, 때마침 브라운 앤드 루트사 사장과의 면담이 이루어졌다. 면담 용건은 OSTT 공사를 하청받겠다는 것이었다. 브라운 앤드 루트사는 OSTT 한 부분에만 9억 달러가 넘는 가격으로 응찰했던 회사였고, 현대의 총공사비는 9억 3천만 달러였다. 정주영이 물었다.

"총공사비가 9억 3천만 달러인데, OSTT 한 부분에만 9억 달러가 넘는 가격으로 응찰했던 회사에 하청을 주고 나면 나머지 공사는 무엇으로 하겠소?"

"가격은 세부적으로 검토하면 훨씬 싸질 수도 있소."

"그럼, 한 번 검토해보시오."

브라운 앤드 루트사는 서울로 오는 정주영을 뒤쫓아왔고, OSTT는 자기네가 아니면 할 데가 없다며 끈질기게 주장했다.

하지만 실상은 이러했다. 브라운 앤드 루트사는 호주와 뉴질랜드 공사가 끝나자마자 주베일 산업항 공사를 위해 각종 해상 중기 장비들을 바레인으로 끌어다놓은 상태였는데, 공사가 현대에게 낙찰되는 바람에 일감도 없이 하루에 5만 달러라는 장비 임대료만 날리고 있는 실정이었다.

정주영은 그들의 허세에 놀아날 사람이 아니었다. 일단 아무런 응대도 하지 않고 그저 느긋하게 상황을 지켜보기로 하였다. 시간이 지날수록 초조해지는 것은 정주영이 아니었다. 브라운 앤드 루트사는 기가 죽기 시작했고, 결국 하루 7만 달러를 내라는 임대료를 10분의 1로 깎아서 일부를 쓰기로 기술 협약을 체결했다.

그후 정주영은 브라운 앤드 루트사와 현대가 기술 협약을 맺었다는 공문을 사우디 체신청에 접수시켰고, 네고조차 않고 있던 사람들의 마음을 돌려 공사를 속히 진행할 수 있었다.

우리는 다양한 상황과 많은 사람들과의 대화 속에서 뭔가를 결정해야 할 때가 많다. 그때 겉으로 보이는 것에 현혹되어 그 속에 숨겨진 진정한 뜻을 알아채지 못한다면 자칫 곤경에 빠질 수 있다. 만약 당신이 뭔가를 선택해야 할 중요한 순간이 주어지면 크게 심호흡하고 마음을 가라앉힌 다음, 보이지 않는 것에 집중하라. 눈이 아닌 마음으로 보이는 것이 있을 것이다.

가난한 농촌 생활이 불행해서, 상급학교에 진학해 선생님이 되고 싶은데 농부로 살아야 하는 것이 비참해서 침울했던 기억도 없다. 우리는 왜 이렇게 가난하며 나는 왜 척박한 농촌의 가난한 부모 밑에서 태어나 이 고생을 하고 살아야 할까 비관한 적도 없다.

직장은 월급 때문에 다니는 것이 아닌 자신의 발전 때문에 다녀야 하는 곳이다.

조직문화에서
살아남기

20세기 지구촌에 팽배했던 문화우월주의는 이제 구습의 유물로 남아 어느 것이 우월하고, 열등한 문화인지 구분하는 것 자체가 무의미한 일이 되었다. 단, 각 나라의 문화가 가지는 영향력은 그 힘이 막강하여 다양한 방면으로 영향을 미친다. 기업도 마찬가지이다. 어느 기업의 문화가 더 좋다고 말할 수는 없지만, 성장한 기업을 들여다보면 그 조직의 문화도 어느 정도 일조했음을 알 수 있다. 예를 들어 아마존의 사장이 낡은 책상과 의자를 버리지 않고 사용하거나, 마이크로소프트의 빌게이츠가 기부문화를 실천하여 세계적으로 덕망을 인정받는 것은 개인적인 일이 아니라 그들이 속해 있는 조직의 문화를 대변해주는 일이기도 하다. 그렇다면 정주영이 만든 조직문화는 어떤 모습일까?

조직문화란 구성원들 간에 공유되는 공통의 의미체계를 의미한다. 물론 문서로 써 있는 것도 있겠지만, 대개는 암묵적으로 행동하고 말하는 일종의 분위기이다. 회사에 갓 들어간 신입사원은 왜 그렇게 매번 쩔쩔 매는 것일까? 일을 할 줄 몰라서? 아니다. 회사의 조직문화가 낯설기 때문이다. 대개 2~3년차쯤 되면 회사의 문화에 익숙해지고, 어느새 자신도 조직의 룰에 따르기 위해 노력하는데, 이러한 행동방침은 회사에서 가장 높은 사람의 가치관을 기준에서 삼는 경우가 많다.

1974년 현대중공업이 유조선을 수주받아 작업을 했을 때의 일이다. 느닷없이 불어닥친 태풍 때문에 선체 위의 구조물이 흔들리기 시작한 것이다. 만약 쇳덩이로 된 구조물이 흔들리다가 선체와 부딪치는 날에는 선박 건조 작업을 모두 다시 해야 할 판이었다. 소식을 듣고 현장으로 달려온 정주영은 잠시도 머뭇거리지 않고 선체 위로 올라가 로프로 그 구조물을 고정시키기 시작했다. 정주영을 지켜보던 현장 작업자들은 어떻게 했을까? 당장에 모두 정주영의 뒤를 따랐고, 다 함께 구조물을 고정시키는 일에 매달렸다.

그런데 우여곡절 끝에 건조가 끝난 후라도 문제는 배가 물에 뜰 수 있느냐 하는 것이었다. 정주영은 초대형 유조선을 도크에서 옮기는 것을 두려워하는 작업자들의 의중을 꿰뚫었는지 직접 진두지휘하는 것을 망설이지 않았다. 이렇게 정주영의 첫 번째 조직문화 정신은 바로 '솔선수범'이다.

한편 정주영을 따라다니는 여러 가지 비화들, 예를 들어 겨울의 보리밭 사건, 포니 개발, 주베일 산업항 건설, 지폐 한 장으로 만든 울산조선소 등 사실이라고 하기에는 너무나도 드라마틱한 이야기들이 많이 있다. 물론 이 얘기들은 사실에 입각한 것이지만, 어느 정도 그를 미화시키는 부분도 없지 않다. 그러나 창업자의 전설적 일화나 회사에 내려오는 비화는 직원들을 독려시키기에 충분하며, 아울러 그들에게 자부심도 심어준다. 그런 면에서 정주영의 비화들은 현대의 조직문화는 물론 한국의 문화를 대표할 수 있는 롤모델이 아니었나 한다.

지금은 대한민국의 대통령이 된 이명박 대통령도 한때는 현대맨으로서, 정주영이 발탁한 인물 중에 하나였다. 당시 이명박은 정주영의 가치관과 행동양식을 그대로 닮은, 한 마디로 '현대를 위한, 현대에 의한 사람'이었다. 그러니 정주영의 눈에 들지 않을 수 없었을 것이고, 젊은 나이에 초고속 승진이라는 특별대우를 받게 되었다.

현대를 만든 사람은 하청기업에서 일하는 노동자의 때 묻은 손에서부터 화이트컬러들의 노고에 의한 것이지만, 현대의 조직문화는 근본적으로 정주영에서 시작되었다고 말한다면 지나친 비약일까?

한 기업에 조직문화가 있다면 개인에게도 문화가 있는데, 이를 바꿔 말해 자아정체성으로 설명할 수 있다. 여기서 자아정체성이 형성되었다는 것은 자기의 가치관, 능력, 인간관, 미래관 등에 대해 비교적 명료하게 이해하고 있을 때를 말한다. 한 기업의 가치관이 그 속에 있는 사람들을 모두 함께 발전시킬 수 있듯이, 스스로 중심이 되는 기본기를 다 진다면 당신은 충분히 성공할 수 있을 것이다. 정주영이 세운 '조직문화'는 한 기업을 성공시키는 데도 임무를 훌륭하게 수행했지만, 그 개인의 자아정체성에서 시작된 것이라고 할 수 있다.

스스로 변화를
만들어라

진정한 리더는 힘든 상황 속에서 공동의 비전을 만들어 힘을 모으고 에너지를 한곳으로 모으기 위해 노력한다. 정주영은 사업적 시장을 국내에 한정하지 않고 국제적으로 초점을 맞추어 작은 내수시장을 탈피하기 위해 많은 노력을 기울였다.

그런데 대한민국은 아직도 가난한 나라에서 급속도로 경제성장을 이루어 '기적'을 이룬 나라의 대명사로 남아 있다. 하지만 정주영에 의하면, 기적이란 종교에나 있는 것이지 경제에는 있을 수 없는 일이다. 또한 기적보다 변화에 도전하는 경제만이 살아남을 수 있다.

정주영은 멈추지 않는 불도저처럼 무에서 유를 창조하며 한국 사회의 경제에 영향을 미치지 않은 곳이 없다할 정도로 많은 업적을 남겼다. 뿐만 아니라 창업자로서의 적극적인 생각과 진취적인 자세로 불가능을 가능한 것으로 만들었으며, 한번 한다고 하면 끝까지 도전하여 이루고야마는 불굴의 정신으로 '현대'를 만들었다.

우리는 지금까지 미국과 일본 등 선진국의 경영학 이론과 경영 사례들에 대해 부러워하며 그들을 흉내내기에 급급해왔다. 그러나 짧은 시간에 놀라운 경제 성장을 이룩해온 우리만의 경영모델에 대해서도 소중하게 생각해야 할 때이다. 우리 것을 소중하게 단속하기 위해서는 하나의 경영모델로 만들어, 외국에서 배워 갈 정도의 세계적인 경영모델로 성장시켜야 한다.

정치인들은 위기에 빠지면 국민들의 시선을 다른 곳으로 유도하기 위해 새로운 관심거리를 만들어낸다. 하지만 진정한 리더라면 위기에 봉착했을 때, 그 위기에 초점을 맞추고 해결방법을 찾는 데 고심해야 한다. 현 경제 불황 속에서 많은 사건 사고가 일어나고 관심을 서로 다른 곳으로 돌리기 위해 치열한 머리싸움이 일어나고 있다. 그 싸움 속에서 서로를 험담하기 위해 혈안이 되어 있는 이 시국에 국민들은 진정으로 이 위기를 극복하고 타개할 리더를 원하고 있다.

진정한 리더란 변화할 수 있고 먼저 변화를 추구한다. 단, 변화를 위해 채찍질만 해서는 안 된다. 다리에 깁스를 해보지 않은 사람은 실제로 깁스한 사람들의 불편함을 알 수 없고, 수술대에 누워보지 않은 사람은 그 긴장감과 불안감을 알 수 없다. 리더가 취하는 변화는 독단적인 것이 되어서는 안 된다. 현 집단의 상황을 제대로 분석하여 변화를 시도할 때에는 내부 조직의 갈등은 없는지, 그들이 변화의 뜻을 정확히 이해하고 있는지 파악해야 한다. 정주영이 몰고 온 변화의 바람은 그가 이 세상을 떠나는 순간까지 계속되었다. 사회를 넓은 바다라고 했을 때, 우리는 모두 작은 돛을 단 배이다. 파도가 치고 비바람이 몰아치는 상황에 대처하고, 그 상황에 맞게 변하기 위해서는 어떻게 해야 할까?

경부고속도로가 한창 진행 중이던 1970년대 박정희 대통령이 정주영과 담소를 즐기던 중 이렇게 물었다.

"정 사장은 어떻게 해서 그렇게 돈을 많이 벌었습니까?"

"처음부터 부자가 될 생각은 없었고, 세 끼 밥을 먹기 위해 열심히 일했을 뿐입니다."

"그런데 소학교밖에 안 나온 사람이 쟁쟁한 대학 출신들한테 일 시키려면 힘들지 않습니까?"

"저는 신문대학 나왔습니다. 매일 머리기사에서부터 광고까지 하나도 빼놓지 않고 신문을 읽습니다. 그 속에 수많은 교수님들이 있지요."

정주영이 스스로 변하는 방법은 성실함과 자기가 속한 사회에 대한 끊임없는 관심과 연구였을 것이다.

변화란 위기 속에서는 생존법칙이며, 기회를 잡을 수 있는 포인트를 향해 달리는 행동이다. 위기 속에서 변화를 만들어내는 것은 생각보다 많은 시간이 필요하다. 위기에 처하게 되면 초를 다투는 상황이 되고 그러다보면 급한 마음에 포기를 하기도 한다. 하지만 그런 때일수록 긴 호흡이 필요하다. 계속해서 변화를 추구하면서 눈에 보이는 가시적인 성과가 나올 때까지 멈추지 말아야 한다.

극작가 헨리크 입센은 "인간은 위대한 업적에 의해 변하는 것이 아니라, 자신의 의지로 변한다"고 말했다. 변화를 위해서는 주변의 상황이나 여건도 중요하지만, 무엇보다 중요한 것은 자신의 의지이다. 변화하기로 결심했다면 가시적인 성과가 있을 때까지 멈추지 말아야 하며, 무엇보다 의지를 굽히지 말아야 한다.

또한 변화를 위해서는 기본적으로 교육과 다양한 지식, 최신 정보에 눈과 귀를 열어두고 촉각을 곤두세워야 하며, 많은 분야에 직간접적인 경험을 해보고 가치창조를 만들어 행동으로 옮겨야 한다. 조금만 넓은 시각에서 바라본다면 우리에게 닥치는 위기의 절반이 스스로 파놓은 것임을 알게 될 것이다.

현재의 상황은 과거에 어떤 행동이나 선택에 의해 벌어지는 것이다. 우리는 현재의 모습에서 과거를 볼 수 있으며, 그것이 가능한 사람이라면 현재의 모습에서 미래를 읽을 수도 있다. 모든 상황이 본인이 원하는 대로 될 수는 없지만, 진정으로 성공할 때까지 포기하지 않고 능동적으로 행동하는 것이 변화 속에서 성공하는 가장 간단하고 확실한 비법이다.

아울러 새로운 분야를 찾아내 불모지를 개척하여, 위기 속에서 기회를 얻는 순간 거기에 맞는 변화를 일으킨다면 당신은 분명 성공이라는 기회를 맞이할 수 있다.

긍정으로
일어서는 성공정신

4

정주영은 힘들고 괴로워할 일들을 많이 겪으면서도 자신의 인생
을 비관하고 낙담하기보다 언제나 긍정적이고 진취적인 사고로
미래를 향해 걸어나갔다. 하면 되는데 하지 않은 일이 얼마나 많
은지 한번 생각해보자. 너무 많아서 지나온 시간이 아까워질지
도 모른다.

어느 청년이 1년 전부터 아팠던 배를 부여잡고 병원에 갔다. 청년은 진찰을 받은 후 의사에게 잔뜩 얼굴을 찌푸린 채로 걱정스럽게 물었다.

"선생님, 제가 아픈 지 오래 되었는데, 혹시 큰 병 아닌가요?"

의사가 빙그레 웃으며 말했다.

"위 상태가 당신의 얼굴보다 더 깨끗합니다. 혹시 스트레스를 많이 받으시나요?"

많은 사람들이 병원에서 듣는 이야기이다. 현대인들의 스트레스 지수는 실로 상상을 초월한다고 한다. 하다못해 쇼핑을 하는 남자의 스트레스 지수가 실제로 전쟁에 나가서 받은 지수와 비슷하다고 하니 우리는 짐작도 하지 못하는 어마어마한 스트레스의 공격을 받으며 살고 있는 것인지도 모르겠다. 그렇다면 스트레스의 원인은 무엇일까? 근본적인 원인은 20퍼센트의 부정적인 면에 매달려 80퍼센트의 긍정적인 면을 놓치고 있기 때문이다.

플라세보효과라는 말을 들어본 적이 있을 것이다. 이는 투약형식에 따르는 심리적인 효과를 이르는 말로써, 녹말이나 우유 등을 섞어 만든 플라세보를 약으로 속여 환자에게 주면 유익한 작용을 얻어냄을 일컫는다. 일상 속에서도 누군가 자신에게 "다 잘되는 기적의 약"을 준다면 좋겠지만, 그런 약은 누가 주는 것이 아니라 스스로 만들어야 한다.

사람들은 언제부턴가 부정하고 걱정하는 병을 앓고 있다. 한때는 부정과 비판만이 인정받던 시대도 있었다. 어떤 사람이나 사물을 대하든 상대의 좋은 점보다는 부족한 점을 말해야 똑똑해 보이고, 사회가 더 발전한다고 생각했던 모양이다. 하지만 열린 마음과 긍정적인 사고는 입체적인 사고를 키워주며, 나아가 창의적인 능력으로까지 나갈 수 있도록 도와준다. 단, 무조건적인 긍정은 경계해야 할 대상임을 명심해야 한다.

　　할 수 있다는 자신감과 긍정적인 마인드는 준비된 자만이 얻을 수 있는 기쁨이다. 정주영은 의심하면 의심하는 만큼밖에 못하고, 할 수 없다고 생각하면 할 수 없다고 말했다. 그가 우리에게 남긴 것은 막대한 자본의 축적이 아니라, 긍정의 힘, 바로 그것이다.

01

사람은 나쁜 운과 좋은 운을 동시에 가지고 있다. 즐겁게 일할 수 있는
시간이 좋은 운이다. 열심히 일하면 나쁜 운이 들어올 틈이 없다.

긍정적 사고로
미래를 꿈꿔라

어떤 이는 컵에 물이 반 잔 정도 들
어 있는 것을 보고 "컵에 물이 반이
나 남았네?"라고 말하지만, 어떤 이는 "물이 반밖에 남지 않았
네?" 하면서 걱정을 한다.

오늘날 많은 사회문제들을 보면 현실을 비관해서 일어나는 문
제들이 대부분이다. 사고의 전환만으로도 어려운 현실에서 충분
히 벗어날 수 있는데, 현실 속에서 닥친 문제에서는 막상 쉽지 않
은 모양이다. 여기서 부정적인 사고를 하는 사람들은 불안하고 초
조한 나머지, 앞으로 할 일에 대해서도 부정적으로 생각해 결국
시도도 해보지 않고 그냥 포기한다. 부정적인 생각은 결국 할 수

없다는 결론밖에 주지 않는다. "하면 된다"는 긍정의 말 한 마디는 세상 무엇과도 바꿀 수 없는 자기 암시이다.

얼마 전 실로 오랜만에 이뤄진 이산가족 상봉에서 유독 눈에 띄는 모녀의 사연이 있었다. 100세를 맞이한 할머니가 75살 된 딸의 얼굴을 말없이 쓰다듬으며 눈물을 흘렸다는 얘기를 듣고 있자니 그들의 세월이 안타깝고 가슴 한편에 찬바람이 일었다. 그들을 보며 정주영이 마지막 순간까지 놓지 않았던 대북사업의 명맥이 이어지는 것 같아 안도가 되기도 했다. 언젠가 그는 북에 가서 만난 작은어머니에게 자기 와이셔츠를 주며 이렇게 말했다고 한다.

"깨끗하게 빨아서 걸어놔요. 다음에 와서 입게."

결국 다시는 입지 못한 와이셔츠가 되었지만 그의 위트 있는 말 한 마디에는 늘 뭔가를 이룰 것만 같은 힘과 에너지가 느껴진다. 비록 대북사업과 관련된 여러 계획과 성과를 목전에 두고도 모두 이루지는 못했지만, 그가 행한 수많은 시도들은 대한민국에 화해와 평화의 정신을 심어주고도 남을 만한 일들이었다.

정주영은 자신의 어린 시절을 회상하면서 이렇게 말했다.

"한창 잘 먹고 자랄 나이에 밥보다는 죽을 더 많이 먹으면서, 그것도 점심은 다반사로 굶어가면서 미래가 보이지 않는 농사일을 할 때도, 신통하게도 나는 내 처지가 불행하다는 생각은 한 번도

해본 적이 없다. 가난한 농촌 생활이 불행해서, 상급학교에 진학해 선생님이 되고 싶은데 농부로 살아야 하는 것이 비참해서 침울했던 기억도 없다. 우리는 왜 이렇게 가난하며 나는 왜 척박한 농촌의 가난한 부모 밑에서 태어나 이 고생을 하고 살아야 할까 비관한 적도 없다.

참으로 다행스럽게도 나는 매사를 나쁜 쪽으로 생각하기보다는 좋은 쪽으로 생각하며 느끼고, 그 좋은 면을 행복으로 누릴 수 있는 소질을 타고난 사람인 것 같다.

아버님, 어머님이 계시고 형제, 친구들이 있는 고향에서 나는 노력에 비해 소득이 시원찮은 농사가 불만스러웠을 뿐 행복했다. 어쨌든 도회지로 나가면 농사가 아닌 다른 삶, 보다 나은 돈벌이로 부모님과 형제들을 책임질 수 있을 것 같은 막연하지만 강렬한 믿음과 욕구 때문에 고향을 뛰쳐나온 것이지 불행했기 때문은 아니었다.

공부도 제대로 못했고 의지할 곳도 없고 친구도 별로 없고 고된 막노동을 하면서도, 나는 고향을 떠난 것을 후회하거나 내가 처한 상황에 대해 불만을 품어본 일이 없다. 빈대에 뜯겨가며 노동자 합숙소에서 자고 부두 노동을 할 때도, 고려대학교 건축 공사장에서 돌을 나르면서도, 나는 꾀를 부리지 않고 열심히 그 일을 했다.

언제나 좀 더 나은 일자리를 찾느라 바빴지 한 번도 좌절감이나 실망을 느껴본 적은 없었다. 부모님으로부터 물려받은 타고난 건강과 그들이 물려준 근면함만 있으면, 내일은 분명 오늘보다는 발전할 것이고, 모레는 분명 내일보다 한 걸음 더 발전할 것이라는 확신이 있었기 때문에, 나는 언제나 행복했고 활기찼다.

인생 80여 년 동안 물론 잠깐씩 어렵고 답답한 때도 없지 않았지만, 그리고 열패감과 모욕감을 이를 악물고 견뎌내야 했던 몇 대목도 있었지만, 그 몇몇 부분을 빼면 나는 내 인생의 90퍼센트를 항상 행복한 마음으로 활기차게 잘 살아온 사람이라고 생각한다."

정주영은 비관하고 괴로워할 일을 많이 겪으면서도 자신의 인생을 비관하고 낙담하기보다는 언제나 긍정적인 사고로 미래를 향해 더욱 노력했다. 하면 되는데 하지 않은 일이 얼마나 많은지 한 번 생각해보자. 너무 많아서 지나온 시간이 아까워질지도 모른다.

극한 상황에 처했을 때 아무리 긍정적인 사고를 하려고 해도 현실적으로 불가능할 수 있다. 그 상황에 닥쳐보지 않으면 절벽 위에 서 있는 것에 대해 더 이상 재고의 여지가 없기 때문이다. 하지만 제3자의 눈으로 그 상황을 바라보면, 최악의 경제 불황을 겪고 난 후 한 단계 업그레이드할 수 있는 전환기를 맞이하는 상황은 분명히 오게 되어 있다.

개인사도 이와 마찬가지이다. 당신이 현재 최악의 위기를 맞이하고 있다면 그것을 극복하고 견뎌낸 사람들의 이야기를 가까이하면서 그들을 닮도록 노력해보기 바란다. 정주영도 거기에 있을 것이다.

02

설령 우리 앞에 놓인 일이 어렵고 복잡하더라도 우리는 주저함과 두려움 없이 무난히 해낼 수 있는 자신과 용기가 있다.

끈질긴 근성으로
승부하라

1980년 서슬 퍼런 신군부 시절의 얘기다. 비상계엄령을 통해 국회를 강제 해산시키고 기업 통폐합 조치를 단행하던 시절, 정주영에게도 현대중공업과 현대자동차 중 하나를 포기하라는 청천벽력 같은 지시가 내려왔다. 누가 봐도 도둑놈 심보 같은 조치였지만, 회사의 대표들은 하나둘 자신의 살붙이 같은 회사를 국가에 고스란히 바치기 시작했다. 하지만 정주영은 '절대' 그럴 수 없었고, 현대그룹의 간부들은 지하실로 끌려가 고문을 감수해야 했다.

사람들마다 '절대'라는 잣대가 있다지만 그것이 무너지는 것은 정말 한순간이다. 타협과 양보가 미덕으로 발휘되는 것은 때와 장소에 따라 다른데, 그 어떤 외부의 압력에도 흔들리지 않는 승부 근성이야말로 성공하는 자의 기본 덕목이 아닐까?

정주영은 어린 시절부터 누구에게도 지지 않으려는 승부근성이 강했다. 소학교 시절 그는 이미 장가를 간 두 학년 높은 친구와 작은 일로 다툰 적이 있었다. 송전에서 평양이 더 가까운지, 서울이 더 가까운지를 놓고 의견이 달라 벌어진 일이었다. 정주영은 서울이 더 가깝다고 했고, 친구는 평양이 더 가깝다고 했다. 두 사람 다 시골에서 자랐기 때문에 도시를 동경하는 마음에서 그런 입씨름을 하게 된 것인데, 서로 끝까지 자기주장이 옳다고 맞섰다.

친구는 두 학년이 더 높다는 것을 내세우며 자존심을 꺾지 않으려 했다. 결국 두 사람의 입씨름은 몸싸움으로 이어졌고, 급기야 멱살잡이를 하며 싸우는 상황으로 치닫게 되었다. 사실 정주영은 상대가 덩치도 크고 나이도 훨씬 많기 때문에 힘으로는 도저히 상대를 이길 수 없다는 것을 알고 있었다. 한 대를 때리면 몇 배로 되맞았지만, 거기서 멈출 정주영이 아니었다. 그러자 친구는 아무리 맞아도 대드는 정주영이 점점 무서워지기 시작했다.

정주영은 이길 때까지 싸우겠다는 생각에 수업만 끝나면 5학년 교실로 달려가 싸움을 걸었다. 수업을 일찍 마친 날에는 집에 가지 않고 친구의 수업이 끝날 때까지 기다렸다가 다시 싸움을 걸었다. 결국 친구는 "잘못했다"고 항복하였다. 그 뒤로 친구는 졸업할 때까지 멀리서 정주영이 걸어오는 것만 봐도 지레 겁을 먹고 달아나곤 했다. 아마도 그가 정주영을 피한 것은 그의 고래심줄 같은 승부근성 때문이었을 것이다.

정주영은 무서우리만큼 승부욕이 강한 사람이었고, 어린 시절부터 뿌리박힌 승부근성으로 '현대'라는 거물을 키워냈다. 그는 자신이나 현대가 다른 사람이나 회사보다 뒤처지는 것을 용납하지 않았다. 남들보다 뒤처지면 어떤 부분이 부족한지 분석하고 상대를 이기기 위해서 밤낮으로 연구했다. 그리고는 이길 때까지 도전하였다. 현대가 입찰을 하거나 공사를 한다고 하면 일찌감치 포기해버리는 기업들도 괜히 생겨난 것이 아니다.

무슨 일이든 강한 승부욕을 가지고 포기하지 않고 자신의 목표를 위해서 끝까지 물고 늘어진다면 이루지 못할 것이 없다.

그러나 요즘 젊은이들은 도전하기보다는 힘든 일은 회피하며 되도록 쉬운 길로만 가려고 한다. 또한 자신의 뚜렷한 목표조차 바로 세우지 못해 조금만 힘들고 지쳐도 금세 포기해버린다. 이렇게 정주영처럼 승부근성을 가지고 원하는 목표를 향해 도전한다면 이루지 못할 인생의 목표는 없다.

그러한 정주영의 승부근성은 태어날 때부터 가지고 나온 것이 아니라, 꿈을 실현하기 위한 도구로서 스스로 터득한 것이다. 어린 시절부터 아무도 꺾지 못하는 고집으로 유명했던 정주영이 대한민국을 움직이는 현대를 세운 것도 성공해야 한다는 강한 신념과 의지가 있었기 때문이다.

당신네 조선 역사가 1800년대부터라고 알고 있는데, 우리는 벌써 1500년대에 철갑선을 만들어 일본을 혼낸 민족이오. 다만 쇄국정책 때문에 산업화가 늦어졌고 조선사업에 대한 아이디어가 녹슬었을 뿐이오.

03

자신감은 전파된다. 정주영의 자신감에 따른 리더십의 결과는 '현대'의
기업문화를 창조했다.

자신감은 어디에서
오는 것일까

사람은 누구나 자신감을 갖고 싶어
한다. 그런데 그것은 그냥 나오는
것이 아니다. 남들과 다른 자신만의 무엇이 있을 때 생기는 감정
이다.

요즘 사람들은 자신감을 키우기 위해 부단히 노력한다. 남들보
다 날씬해지기 위해 운동을 하고 예뻐지기 위해 인위적인 시술도
불사한다. 또 남들보다 영어를 잘하기 위해 밤낮 없이 학원에, 어
학연수에 혈안이 되어 있다. 방법이야 어찌됐든 성장하고 발전하
여 남보다 우월한 위치에 오르고 싶은 열망을 누가 탓할 수 있을
까? 이렇게 자신감은 부단히 노력하고 준비하는 자만의 것임에는

틀림없는 사실이다.

"해보기나 해봤어? 왜 그렇게 자신감이 없어?"

현대 직원이라면 누구나 듣는 이야기이며, 정주영 회장의 행동 철학이기도 하다. 남들이 어렵다고 생각하는 상황도 그는 긍정적인 사고를 가지고 수많은 일을 성공시켰다.

경부고속도로 공사, 울산조선소 건립, 서산 물막이 공사, 유엔군 묘지 조성, 소떼 방북 등 거의 모든 사업이 불가능이라는 단어와 부딪쳤다. 하지만 그는 불가능이란 단어에 발목을 잡히지 않고 자신을 믿고 행동했다.

그의 자신감은 어디에서 나오는 것일까?

자신감이란 '자신에 대한 긍정적인 생각'이다. 그렇다면 긍정적인 생각은 어디에서 나오는 것일까? 흔히들 정주영 회장이 생존할 때 현대그룹의 모습을 정 회장과 동일시했고 그 모습을 '3無', 즉 무식, 무계획, 무모라고 표현했다.

하지만 그것은 그의 피상적인 이미지였을 뿐 정주영과 함께했던 많은 이들은 정주영의 실제 모습은 치밀하면서 계획적인 '컴퓨터 달린 불도저'였다고 추억한다. 그리고 그는 언제나 무언가를 준비하고 있었다고 한다. 누구보다도 부지런하게 새로운 정보들을 접했으며, 그 정보를 사업에 연결시키고자 열정을 쏟았다.

준비, 그것은 그가 모든 일에 자신감을 갖게 되는 첫 번째 요소였다. 자신감을 지속시키는 두 번째 요소는 고정관념에서 벗어나서 창의적으로 사고하는 능력에 있었다.

마지막으로 그에게 자신감을 유지시켜준 요소는 실천력이었다. 아무리 준비하고 창의적으로 생각한다고 해도 실천하지 않으면 성과를 이룰 수 없다.

현대의 직원이라면 "하면 된다. 안 되면 새로운 방법을 통해서 하자"라는 구호를 꼭 외친다고 한다. '강인한 추진력'이라고 불리는 현대정신의 대표적인 모습이다. 실제 현대의 많은 직원들이 말하기를, 처음에는 불가능하게 보였던 어려운 일들도 해결이 안 된 경우는 손에 꼽힐 정도라고 한다. 그들이 어려움을 극복할 수 있었던 것은 강한 실천의지와 행동으로 불가능해 보이는 일들을 행동하면서 어려움을 극복해낸 자신감이었다.

자신감은 전파된다. 정주영의 자신감에 따른 리더십의 결과는 '현대'의 기업문화를 창조했다. 문화의 힘은 지속성이다. 할 수 있다는 긍정적인 사고와 그 일을 성공시키기 위해서 새로운 방법을 찾았던 경험들이 결국 더 큰 성공으로 이끈다.

자신감은 선천적이라는 의견도 있으나, 많은 전문가들에 의하면 개발될 수 있는 후천적인 면이 강하다는 의견이 지배적이다. 자신을 긍정적으로 생각하고, 미리 준비하고, 창의적으로 생각하여 실천을 반복한다면 작은 성공을 맛볼 수 있다. 많은 사람들이 정주영을 롤 모델로 삼는 것은 뛰어난 언변이나 사업수단이 아니라 아무도 범접할 수 없는 '자신감' 때문이다. 그의 자신감은 거의 본능적이고 창의성을 바탕으로 하고 있기 때문에 어떤 문제 앞에서도 응용이 가능하다.

무작정 자신감을 가지려고 하지 말고, 그것을 얻기 위한 필사의 실천이 필요하다. 작은 성공으로 인한 자신감은 커다란 성공을 가져올 수 있는 더 큰 자신감이 되어 당신을 성공의 길로 인도해줄 것이다.

상대방의 마음을 공략하라

우리는 일을 성사시키고 성공하기 위해 기술을 익히고 자신의 장점을 부각시키기 위해 노력한다. 하지만 일이란 것도 결국에는 사람과 사람 사이에서 일어나는 것이므로 누가 얼마나 더 상대의 마음을 얻느냐에 따라 그 성패가 판가름난다.

유명한 예술가들이 사랑하는 연인을 위해 쓴 편지, 정성들여 만든 조각과 탁월한 그림들, 아름다운 교향곡도 이 세상 어떤 것과도 바꿀 수 없는 정성과 진심이 담겨 있기에 상대방의 마음을 움직이고, 나아가 오랫동안 인류의 마음을 사로잡고 있는 것이 아닐까?

정주영은 타고난 뚝심과 성실함으로 신용을 얻고 사람들의 마음을 움직일 줄 아는 사람이다. 그는 어느 만찬회장에서 "나는 나 자신을 자본가라고 생각해본 적이 없다. 나는 아직도 부유한 노동자일 뿐이며, 노동을 해서 재화를 생산해내는 사람일 뿐이다"라고 말했다. 이 말에는 많은 뜻이 있겠지만, 그는 평생 스스로를 '일하는 자'로 생각했다. 그러니 일하는 노동자들의 처지를 알고 그들을 진심으로 아꼈기 때문에 그를 따르는 사람들이 많았을 것이다. 사람들은 그를 불도저에 무대뽀식 강인한 철인으로 생각하지만, 그는 사람에게 진심을 다했으며, 그 마음은 사람들을 움직이는 데 부족함이 없었다. 일에 대한 열정은 곧 사람에 대한 열정으로 이어진다.

갑작스레 맡게 된 서울올림픽 민간추진위원장은 정주영에게 다소 곤혹스러운 자리였다. 정부가 올림픽 유치 의사를 IOC(국제올림픽위원회) 본부에 정식으로 신청한 것은 1980년 12월이었다. 하지만 그때는 이미 일본 나고야가 유치 의사를 밝힌 상태여서 우리 쪽 전망이 그리 밝지 못했다. 특히 당시 남덕우 총리는 다소 뼈아픈 이야기를 공공연하게 하기도 했다.

"우리가 아무리 거국적인 유치 활동을 벌여도 일본을 제치는 것은 절대 불가능하며, 만에 하나 유치에 성공한다 해도 올림픽 때문에 경제 파탄에 빠져 나라가 망할 것이다."

거기에 김택수 IOC 위원의 비관적인 전망까지 더해졌다.

"우리가 나가서 세계 IOC 위원들의 82표에서 몇 표나 얻을 수 있겠는가? 대만 표 하나에 미국 표도 둘 중에 하나는 캐나다 동계 올림픽 유치에 쓰일 것이니 기껏해야 우리 표까지 합쳐 서너 표이다."

정주영은 이런 분위기에서 우선 개인 돈을 들여 홍보관을 만들어 조직을 꾸리기 시작했다. 당시 믿을 것이라고는 사람밖에 없었다. 처음 유치활동을 위해 조직을 꾸렸을 때 시큰둥하던 사람들의 마음을 움직이기 위해 그는 누구보다 먼저, 그리고 열심히 솔선수범하였다. 우선 이미 나고야 쪽으로 굳어진 선진국 IOC 위원들 대신, 소외되어 있는 중동 및 아프리카 IOC 위원들을 집중공략하기 시작했다.

"우리나라의 일개 사업가도 일을 맡으면 신용과 책임을 지키는데, 이건 국가가 책임지는 올림픽입니다. 전혀 걱정할 필요가 없습니다. (……) 당신들도 언젠가는 올림픽을 해야 할 것 아니오. 개발도상국도 올림픽을 훌륭하게 치를 수 있다는 걸 저들에게 보여줘야 합니다."

정주영은 북한 쪽에도 호소했다. 백의민족으로서 일본을 도와줄 것이냐며 민족적 감정에 호소하기도 하고, 한국을 지원해달라는 간절한 내용의 편지도 보냈다. 결국 먼저 악수를 청하고 마음을 연 덕분에 차가웠던 그들의 마음도 조금씩 움직이기 시작했다.

하지만 시간은 자꾸만 흘러갔다. 결정적인 뭔가가 필요했다!

정주영은 올림픽 유치가 우리의 돈과 권력만으로는 안 되는 일이라고 판단했다. 더구나 상대는 일본이었다. 우리보다 모든 면에서 앞선 그들을 당장 앞지를 수 있는 방법도 없었고, 전쟁이 끝난 지 얼마 안 된 일개 아시아의 조그만 나라에서 올림픽 같은 큰 대회를 어떻게 유치하느냐며 비아냥거리는 소리들도 만만치 않았다. 시급한 결단이 필요했다.

정주영은 우선 위원장들의 마음을 움직여보자고 결심했다. 고민 끝에 그는 싱싱하고 아름다운 꽃바구니를 만들어 매일 아침 IOC 위원들에게 배달했다. 그리고 투표 마지막 날까지 정성을 다해 올림픽 유치를 향한 대한민국과 자신의 순수한 마음을 전달하였다.

정주영의 마음이 정말 그들에게 전달된 것일까? 1980년 9월 30일 오후 3시 45분 사마란치 IOC 위원장은 52대 27로 서울이 나고야를 물리치고 올림픽 개최국으로 선정되었다는 메시지를 세계적으로 공표했다. 기적 같은 일이었다고 말하는 사람들이 많았지만, 그것은 기적이 아니었다. 이 나라와 정주영의 노력에서 나온 훌륭한 결과물이었다.

아무리 비싼 선물이라도 상대의 마음을 움직이지 못한다면, 그저 부담이고 허세에 불과한 물건밖에 될 수 없다. 정주영이 꽃을 선물할 때 일본 쪽에서는 IOC 위원들 부부에게 최고급 일제 손목시계를 선물했다고 한다. 사람들은 간혹 물질적인 것에 가치를 두고 그것으로 사람들의 마음을 사려고 한다. 하지만 짧은 편지 한 장, 붉은색 장미꽃 한 송이가 진심을 전달하는 데 더욱 효과적일 때가 있다.

모두가 불가능이라고 했던 올림픽 유치는 사람의 마음을 귀하게 여기는 정주영의 진심과 상대의 마음을 헤아리고자 했던 노력에서 나온 것이다. 이해관계가 있을 때 상대에게 진심을 다하는 것이 최선의 방법이다.

05

훌륭한 말솜씨로 상대방이 필요로 하는 것을 끄집어낼 줄 아는 그의 대화법은 하루아침에 이루어진 것이 아니다.

정주영처럼
대화하라

평소 정주영은 이야기를 무척 즐기는 편이었다. 사무실이든 차 안이든, 또는 식사 중에도 자기 생각을 수시로 이야기하는 스타일이었다. 평소 자신이 생각하고 있는 것을 주변 사람들에게 이야기하고 반응을 살펴보기도 하고, 지나가는 사물에 대한 자신의 느낌을 스스럼없이 들려주기도 했다. 또 문득 떠오른 기발한 아이디어에 대해 의견을 묻기도 했다. 이렇게 시작된 이야기가 때로는 본격적인 사업 아이디어로 발전되는 경우도 있어, 평소 사소한 대화에도 주변 사람들의 이야기를 귀담아 듣고 조금이라도 도움이 되는 말은 그 자리에서 바로 실행하고자 했다.

1991년 베이징 인민대회당에서 치우자화 부총리가 정주영 일행을 환영하는 만찬자리에서 중국의 제8차 5개년계획을 설명한 일이 있었다. 잠자코 듣고 있던 정주영이 답사를 시작했는데, 사전 약속이 없었던 내용이라 모두를 깜짝 놀라게 했다는 후문이다.

"중국은 개방에 더 힘쓰고, 한중국교도 정상화해야 합니다. 그러면 현대도 힘을 쓰겠습니다. 이번에 톈진의 자동차공장을 가보니 1년에 4만 대를 생산한다고 했는데, 나는 1년에 100만대를 생산합니다. 기술의 문제니 도와드리겠습니다."

언제 어디서든 '현대'에 도움이 되는 일이라면 훌륭한 말솜씨로 상대방이 필요로 하는 것을 끄집어낼 줄 아는 그의 대화법은 하루아침에 이루어진 것이 아니다. 일에 대한 열정과 상대방의 의중을 꿰뚫는 예리한 분석력에서 나온 것이다. 정주영은 대화시 상대를 항상 존중했지만 어떠한 상황에서도 자신의 확고한 의지를 굽히지 않았다. 그는 상대의 의중을 정확히 꿰뚫을 때까지 이야기에 경청하며 자신의 의지를 정확하게 전달했다.

특히 조선업을 시작한 이래로 선박수주협상을 했을 때, 한국의 선박 건조 능력에 의구심을 품고 있는 사람에게 거북선 그림을 보여주며 설득했던 대화방식은 그만큼 자신과 현대에 대한 굳건한 믿음에서 나온 것이라고 하겠다.

1975년 여름 어느 날, 박정희 대통령이 급히 정주영을 찾았다.

"달러를 벌어들일 좋은 기회가 왔는데 일을 못하겠다는 작자들밖에 없습니다. 지금 당장 중동에 다녀오십시오. 만약 정 사장도 안 된다고 하면 나도 포기하지요."

정주영이 물었다.

"무슨 애기입니까?"

"1973년 석유파동으로 지금 중동국가들은 달러를 주체하지 못하고 있습니다. 나는 그 돈으로 여러 가지 사회 인프라를 건설하고 싶은데, 너무 더운 나라라 선뜻 일하러 가려는 나라가 없는 모양이에요. 그쪽에서 우리나라에 일할 의사를 타진해 왔습니다. 관리들을 보냈더니, 2주 만에 돌아와서 하는 애기가 너무 더워서 낮에는 일을 할 수 없고, 건설공사에 절대적으로 필요한 물이 없어 공사를 할 수 없는 나라라는 겁니다."

"그렇습니까? 오늘 당장 떠나겠습니다."

정주영은 5일 만에 다시 청와대에 들어가 박정희 대통령을 만났다.

"지성이면 감천이라더니 하늘이 우리나라를 돕는 것 같습니다."

박 대통령이 대꾸했다.

"무슨 애기요?"

"중동은 이 세상에서 건설공사를 하기에 제일 좋은 지역입니다."

"뭐요?"

"1년 열두 달 비가 오지 않으니 1년 내내 공사를 할 수 있고요."

"또?"

"건설에 필요한 모래, 자갈이 현장에 널려 있으니 자재 조달도 쉽고요."

"그럼 물은 어떻게 할 거요?"

"그거야 어디서 실어오면 됩니다."

"50도나 되는 더위는?"

"천막을 치고 낮에는 자고 밤에 일하면 됩니다."

박 대통령은 회심의 미소를 지으며 비서실장을 불렀다.

"현대건설이 중동에 나가는 데 정부가 지원할 수 있는 것은 모두 도와주라고!"

둘의 대화는 당시 너무나 비현실적이어서 만화의 한 장면으로 보이기도 하며, 지나친 긍정의 부정으로까지 보인다. 하지만 우리가 여기서 알아야 할 것은 정주영의 '말'이 말 이상의 값어치를 한다는 점이다. 자신감이 없는 사람은 감히 말하지 못하고, 말이 실천으로 가지 못하면 아무 소용이 없다. 오늘날 그의 대화법이 각광을 받는 것은 반드시 실천으로 이어지기 때문이다.

사람들은 대화 중에 상대의 권위와 배경에 압도되어 자신의 의지를 정확하게 전달하지 못하는 경우가 있다. 하지만 자신이 뜻한 바를 진정으로 이루고자 한다면 상황을 냉철하게 판단한 후 본인의 뜻을 상대에게 호소력 있게 전달할 수 있어야 한다. 상대의 마음을 움직이는 호소력은 단지 정확한 정보를 일목요연하게 열거한다고 생기는 것이 아니다. 상대가 나의 말에 귀를 기울일 때 비로소 나의 마음이 상대에게 전달되고, 이것은 자신과 상대를 대등한 관계로 인식하고 서로를 진심으로 존중할 때야 비로소 가능하다.

정주영은 내공이 강한 사람이다. 그는 대화를 할 때 상대를 존중하고 냉철하게 분석할 수 있는 여유를 가지고 누구에게도 주눅 들지 않는 당당함으로 상대에게 자신의 의지를 말했다.

06

돈만이 부가 아니며 모든 것의 주체는 사람으로서 다 같이 건강하고 유
능해야 가정과 사회, 국가가 안정과 번영을 이룰 수 있다.

더불어 사는
세상에 대한 열망

2010년 사상 초유의 지진사태가 아
이티 공화국에 불어닥쳐, 국민들 3
분의 1이 피해를 입었으며 20만 명에 이르는 사상자가 나왔다. 지
진이 일어나고 열흘이 넘어서까지 간간히 들려오는 생존자들 소
식에 촉각을 곤두세우고 있는 가운데, 온 인류가 아이티 돕기에
나섰다. 아산병원을 비롯한 의료계, 대기업, 교육기관, 금융계는
물론 범국가적인 온정을 펼치고 있으며, 세계적인 스타들도 모금
방송에 동참하고 개인들도 큰돈을 쾌척하는 등 온정의 손길이 끊
이지 않고 있다. 그저 편안히 앉아 그들이 보여주는 인류애에 감
동하자니 사치스러운 느낌마저 들지만, 더불어 사는 인간이 아름

다운 것만은 명백한 사실이다.

정주영은 평소 돈만이 부富가 아니며 모든 것의 주체는 사람으로서 다 같이 건강하고 유능해야 가정과 사회, 국가가 안정과 번영을 이룰 수 있다고 생각했다. 그는 산업현장에 있는 근로자들의 노고에 의해 지금의 현대가 있을 수 있었으며 항상 가난한 국민이 잘사는 나라를 꿈꾸었다. 그의 이러한 소망으로 만들어진 것이 바로 아산재단이다.

1975년 10월 정부는 기업 공개 대상 업체 105개를 발표하면서 공개를 종용했다. 여론 역시 기업의 사회적 책임을 운운하면서 기업 공개를 촉구했다. 당시 '현대건설'은 수익률이 가장 높은 업체 중에 하나였다. 하지만 그는 정부의 종용과 여론의 극심한 비난에도 1977년 전반까지 현대건설의 기업 공개를 하지 않았다. 당시 현대건설을 공개하면 주식의 반만 팔아도 세금 한 푼 안 내고 4~5백억 원을 쓸 수 있었고, 현대건설의 실적이나 신용도로 보아 주식을 파는 데도 아무 문제가 없었다.

그는 생각했다.

'그렇게 주식을 공개해서 얻는 것이 무엇일까? 물론 현대건설의 주식을 공개하면 우리 주식을 산 사람들에게 이익 배당이 돌아간다. 그런데 주식을 살 수 있는 사람들은 그만큼은 여유가 있는 사람들이다. 주식을 살 수 있는 사람보다 살 수 없는 어려운 형편에 있는 사람들이 더 많은 사회에서, 여유 있는 사람한테 더 많은 이익을 주는 방식의 기업 공개는 진정한 의미의 사회환원도 기업의 사회적인 책임 수행도 아니다. 끼니를 잇기 어려울 만큼 가난한 사람, 병이 들어도 병원에 갈 수 없는 사람, 학자금이 없어서 학업을 중단해야 하는 수많은 청소년을 돕고 지원하는 것에 현대건설의 이익을 투입하는 것이 소수의 가진 이들을 위한 기업 공개보다 옳은 길이다.'

우리나라는 1962년에 제1차 경제개발5개년계획에 착수한 후 높은 경제 성장을 이루면서 실업률도 낮아졌고, 절대빈곤 인구비율을 낮추는 데도 성공했다. 하지만 성장제일주의 경제개발정책이 소득분배구조를 악화시켜 계층 간의 격차와 도시와 농촌 간의 격차를 심화시켰으며, 당시 농가의 평균소득은 도시 근로자 가구 평균소득의 4분의 3에 해당됐다.

정주영은 이 같은 현실에서 현대건설의 개인 주식 50퍼센트를 내놓고 '아산사회복지사업재단'을 설립하여, 매년 약 50억 원의 배당 이익금으로 사회 복지 사업을 하겠다고 발표했다. 그후 아산사회복지사업재단은 의료사업과 사회복지 지원사업, 연구개발 지원사업, 장학사업 등 네 개 부분으로 지원하고 있으며, 헌신적인 사회복지 단체 종사자를 선정하여 시상하고 있다.

삶에 있어서 다른 사람을 위하는 것은 곧 나를 위하는 일이며, 인간이 어떤 존재보다 강할 수 있는 것은 서로를 아끼고 존중하는 마음이 있기 때문이다. 또한 성공과 행복이라는 개념도 결국은 사람과 사람 사이에서 이루어지는 것이므로 아무리 뛰어난 사람도 혼자서 할 수 있는 일은 별로 없다. 사회문제는 자신이 최고라는 생각에 자신의 이익만을 생각하고 물질적인 부분에 초점을 맞춰 이해타산을 따지기 때문에 발생하는 것이다. 정주영의 말처럼 베풂이란 내가 갖고 남는 것을 주는 것이 아니라, 부족해도 함께 나눠 쓰는 것이다.

07

똑똑하다는 사람들이 모여 앉아 머리로 생각만 해서는 기업이 성장할
수 없다. 기업이란 현실이요, 행동함으로써 이루어지는 것이다.

실천주의자가
되어라

조선의 대표적인 실학자인 연암 박
지원의 소설 〈허생전〉에는 돈도 벌
지 않고 집안에 들어앉아 책만 읽는 허생이라는 양반이 나온다.
그는 장사를 해서라도 돈을 벌어오라는 아내의 구박에 못 이겨 집
을 나와 돈을 빌려 장사를 시작한다. 조선의 취약한 경제적 제도
를 이용해 큰돈을 벌어 가난한 백성들을 구제하고 사회를 비판하
는 영웅적인 모습을 드러내지만, 결국 모든 것을 버리고 초야에
운둔하고 만다. 그런데 정책적으로 실천하지 못해 결국 '양반'이
라는 한계를 벗어버리지 못한 조선시대의 개혁가, 허생은 21세기
대한민국에도 분명 존재한다.

언불고행 행불고언言不顧行 行不顧言이란 말이 있다. 행동을 돌아보지 않고, 행동을 하면서 자기가 한 말을 돌아보지 않는다는 뜻으로, 말을 할 때는 행동으로 옮길 일을 미리 생각하고, 행동할 때는 자기가 내뱉은 말을 지키고 있는가를 돌아보라는 의미이다. 말과 행동을 일치시키며 산다는 것은 그만큼 어려운 일이며 그것은 자신과의 끊임없는 싸움을 한 뒤에야 가능하다.

정주영은 누구보다 먼저, 그리고 열심히 행동한 사람이다. 그의 성공은 불굴의 노력을 다해 경주한 결과로, 생각한 바를 머뭇거리지 않고 거침없이 행동했다. 또한 시간은 돈보다 소중한 것으로써, 인생의 성공과 실패는 시간과 행동으로 결정된다며 입버릇처럼 말했다. 그의 실천력은 단양시멘트 공장을 건설하면서 여실히 드러난다.

그는 평소 시멘트 공급이 원활하게 되지 않아 결정적인 시기를 놓치고 차질이 빚어지는 것을 가장 통탄스러워했다. 장마철 전에 해야 하는 공정을 시멘트가 없어서 하지 못하고, 추워지기 전에 작업을 해야 하는데 시멘트가 부족해서 못하는 형국이었다.

그는 생각했다.

'시멘트 원료라면 모두 다 국내에 있다. 강원도나 충청도가 거의 석회석 산이기 때문에 좋은 석회석은 얼마든지 캘 수 있다. 거

기다 철분이 든 원료를 약간만 섞어 만들면 되는 것이니 어려울 거하나도 없다.'

그는 무슨 일이든 해야겠다고 결심하면 바로 실천해야 직성이 풀리는 사람이었다. 1957년 시멘트공장 설립계획에 착수하고 이듬해에 충북 단양군에 8천2백만 톤의 석회석광을 사놓고, 회사에 시멘트 사업 계획부를 설치하여 공장 설립을 위한 각종 업무를 관장하게 했다. 하지만 국내 시멘트 시장의 독과점 체제를 계속 유지하려는 기존 시멘트업체들의 방해로 1차 시도가 좌절되었고, 그후 20만 톤 규모의 시멘트 공장 설립 계획안을 다시 제출했다. 하지만 정부로부터 온 회신은 "수요가 부족하다"였고, 시멘트가 어디서 어떻게 남아돈다는 것인지는 끝내 말하지 않았다.

정주영은 서울과 지방 도시의 복구, 주택 부족량 등을 전체적으로 감안한 자체 조사를 실시했고, 몇 달간의 작업 끝에 앞으로 120만 톤의 시멘트가 더 필요할 것이라는 결과를 얻게 되었다. 정부도 그때서야 경제개발계획 사업의 일환으로 시멘트 공장 설립을 수락해주었다. 그후 5·16군사혁명으로 시멘트 공장 설립이 주춤하기는 했으나, 혁명정부와 함께 일어난 건설 붐으로 시멘트 해외 의존도가 날이 갈수록 늘고 있었기 때문에 더 이상 공장 설립을 미룰 수 없는 상황이었다.

그리고 드디어 그에게 '호랑이'라는 별명을 하나 더 만들어준

단양시멘트 공장이 1964년에 준공에 들어갔다.

단양시멘트 공장 덕분에 시멘트 공급이 활발해지자, 현대의 건설현장은 활기를 찾았고, 그때까지 토건공사에만 참여했던 현대가 플랜트 건설 분야에 참여 비중을 높인 전기가 되기도 했다.

그는 말한다.

"기업이란 냉정한 현실이고, 행동함으로써 이루고 키워나가는 것이다. 그저 앉아서 똑똑한 머리만 굴려서 기업을 키울 수는 없다. 똑똑한 머리만이 아니라 몸소 행동해야 한다."

1990년대 한국을 방문한 현대 경영학의 거장 피터 드러커는 "기업가정신의 최고 실천 국가는 의심할 바 없이 한국이다"라고 말했다. 40년 전에 한국 땅을 밟고 전쟁의 상흔을 목격한 피터 드러커의 눈에 펼쳐진 대한민국은 기적 그 자체였을 것이다. 하지만 세계가 찬사를 보내마지 않던 한국의 기업가정신이 최근 점점 추락하고 있다는 안타까운 소식이 들려온다. 기술과 재능을 가진 창업 인력이 줄어들어 벤처기업이 축소되고, 대기업과 중소기업 간의 소통이 원활하지 못한 것이 대표적인 원인으로 꼽힌다. 실천하지 않는 기업은 쇠퇴의 길을 걸을 수밖에 없다. 위기에서 빛을 발했던 정주영식 기업가정신이 빨리 되살아나기를 바라본다.

공상을 현실로 그려라

'스피도'라는 스포츠웨어는 신축성이 좋고 편한 수영복의 기존 통념을 깼다. 뛰어난 압착력으로 신체를 고정시켜주는 수영복이 스피드에 더 유리하다는 것에 초점을 맞춰 개발된 이 수영복은 올림픽에서 세운 11개의 신기록에 모두 도움이 됐다는 평가를 받은 바 있다.

요즘 주위를 둘러보면 과거에는 상상조차 하지 못한 일들이 현실에서 일어나고 있다. 전자제품의 기능을 다 익히기도 전에 신제품들이 쏟아져나오는 바람에 업그레이드를 하지 않으면 혼자 뒤처지는 느낌을 받을 정도이다. 창조의 끝을 알 수 없는 이 시대에 조직을 이끄는 리더들은 창의적인 발상들을 과감하게 받아들여야 한다. 공상을 현실로 만들기 위해서는 객관적인 인재 등용과 더불어 그들이 자신의 능력을 마음껏 펼칠 수 있는 발판을 마련해주어야 한다.

21세기는 공상과 현실의 경계를 눈에 보이게 구분하기 어렵다. 이렇게 경계가 모호해진 상황에서 공상을 얼마나 수용할 수 있는지는 리더의 역량이다. 세계 경제의 패러다임이 사람 중심으로 바뀌고 있으며 현재의 변화를 위기나 기회로 각각 판단하기도 한다. 경제는 사상 최악의 위기 속으로 빠져들고 시장의 변화 속도는 시간을 다투고 있으며, 소비자를 만나는 곳이라면 다양성을 기본으로 하는 관점의 전환이 필수이다. 하지만 보통 사람들은 온갖 핑계를 가져다 붙이며 틀에 박힌 스타일을 고수하고 싶어 한다. 그렇게 된다면 백년이 지나도 현실은 현실이고, 공상은 공상에 그치고 말 것이다.

사실 정주영은 사업을 할 때 심사숙고하는 스타일이 아니다. 감각에 의존하여 빠르게 결정하는 것이 그의 경영 스타일이다. 여기서 감각이라는 말은 직관이나 반짝이는 아이디어를 말하며, 이것은 공상을 현실로 만들어주는 유일한 수단이기도 하다.

정주영은 젊은 직원들보다 역발상에 천부적인 소질을 지니고 있었다. 하지만 그는 책상에서 연구하는 스타일이 아니었다. 몸으로 뛰면서 쉽고 단순하게 생각해서 해답을 찾았다. 이론적으로 배운 것이 너무 많은 지식인들은 때로 지나치게 형식에 얽매인 나머지 포화상태인 지식 속으로 파묻혀버린다. 정주영의 아이디어뱅크는 특히 현장에서 문이 열리는 경우가 많았다.

하루는 현장 방문을 하던 정주영이 감독을 불러 이렇게 말했다.

"저기 저거 스타비트 만드는 거 아닌가? 그런데 왜 믹스트럭에 있는 콘크리트를 직접 스타비트 거푸집에 넣지 않고 크레인을 쓰는 건가?"

"아, 예! 트럭의 콘크리트 출구가 거푸집보다 낮아서 불가능합니다."

순간 정주영이 소리를 지르며 말했다.

"콘크리트가 나오는 출구를 높이면 되지!"

그 많은 사람들 중에 아무도 믹스트럭을 바꿔볼 생각을 하지 못했던 것이다. 정주영 말대로 믹스트럭을 개조한 결과, 스타비트의 생산량이 약 2배 정도 높아졌다고 한다. 그렇다고 그가 직원들이 하는 모든 일에 사사건건 개입하는 리더는 아니었다. 직원들에게 모든 것을 일임하고 믿는 스타일이었다. 보고하지 않고 독단적으로 일을 처리한 직원에게 도리어 "결과가 나올 때까지 더 해야지. 거기서 중단하면 어떡해?"라고 말하며 더욱 독려하는 식이었다.

진정한 리더는 그들을 목적지로 데려다줄 수는 없지만, 대신 환한 등불을 밝혀주며 그들이 나아갈 수 있도록 도와준다. 또한 자신이 모든 것을 다하는 것이 아니라 자신을 따르는 사람들이 성과를 만들 수 있도록 환경을 조성해주고, 그 성과가 세상 밖으로 나가 빛을 보도록 도와주는 사람이다.

눈앞에 이익을 우선시 하는 것이 아니라 종합적으로 흐름을 파악하고 전체적으로 균형 잡힌 발전을 이끌어내고 자신의 성공을 바로 이루는 것이 아니라, 직원들 개개인과 조직의 성공을 이끌어내는 사람이야말로 진정한 리더라고 할 수 있다.

앞으로 도래하는 경영전략은 감성경영과 창조경영이다. 무엇이 되든지 그 기반은 사람이 될 것이고 이 사람을 감성적이고 창조적으로 움직이는 것 또한 리더의 몫이다.

조지 버나드 쇼는 "상식적인 사람은 세상에 자신을 맞춘다. 비상식적인 사람은 세상이 자신에게 맞추도록 계속 노력한다. 따라서 모든 진보는 비상식적인 사람들에 의해 이루어진다"고 했다. 이러한 진보를 이끌어내기 위해서는 세상에 발맞추어 나가는 것에 만족할 것이 아니라, 내가 꿈꾸고 상상하는 것을 현실로 만들어 세상이 나를 따라오도록 해야 한다.

정주영이 우리 곁을 떠난 지 이제 곧 10주기가 된다. 그런데 아직도 많은 사람들이 그의 경영방식과 리더십에 대해 말하고, 위기가 찾아올 때마다 그를 떠올리는 이유는 무엇일까? 관리자는 당장 눈앞의 성과에만 연연하면서 직원들에게 길을 안내해주는 사람이 아니라, 정주영처럼 그들이 뛸 수 있도록 발판과 힘을 실어주는 사람이다. 시대의 변화를 진심으로 이해하고 조직원들이 성공의 길로 들어설 수 있도록 안내해준 그의 뛰어난 경영방침은 오늘날을 살아가는 우리들에게 좋은 귀감이 되어준다.

세상에 대해
호기심을 가져라

사람들은 기본 욕구에 해당하는 생존 욕구와 안전 욕구가 해결되면 그보다 한 단계 더 높은 욕구를 갈망함으로써 보다 나은 삶을 추구하기를 원한다.

아브라함 머슬로우는 알고자 하는 욕구와 이해하고자 하는 욕구에 해당하는 호기심은 인간의 가장 기본적인 욕구로 이것을 충족시키지 못하면 자아실현이 불가능하다고 말했다. 호기심의 사전적 의미는 동물이나 인간에게서 발견되는 원정, 탐사, 교육 등 선천적으로 무엇이든 알고 싶어 하는 행동들의 원인이 되는 감정이다. 호기심을 갖는 것은 사막에 피라미드 사원을 짓는 것처럼 남들과 다른 뭔가를 꿈꾸면서 시작된다.

상상해보라! 인류에게 호기심이 없었다면 우리는 지금 어떤 모습일지……. 아마 과거에서 크게 벗어나지 못한 채, '현재'의 모습에 안주하며 살아가고 있을 것이다.

만약 정주영에게 더 나은 삶과 더 새로운 방식에 대해 알고자 하는 욕구가 없었다면 어떻게 되었을까? 호기심이 많은 사람들은 남들이 모두 안 된다고 하는 일에 대해서 더 많은 관심을 갖고 도전한다.

프로메테우스는 신의 불을 훔쳐 인간에게 주는 바람에 제우스의 노여움을 산다. 제우스는 그를 벌하기 위해 코카우소스 산에 결박하고자 했고 프로메테우스는 결박당하기 전 동생 에피메테우스에게 제우스가 주는 선물을 절대 받아서는 안 된다고 당부한다. 하지만 에피메테우스는 아프로디테의 아름다움을 받은 판도라의 미모에 반해 형의 말을 듣지 않고 판도라를 아내로 받아들인다. 판도라는 그리스 신화에 나오는 최초의 여성이다. 제우스는 판도라를 에피메테우스에게 보내기 전 상자 하나를 주면서 절대 열어보면 안 된다고 강조하여 말한다. 하지만 판도라는 호기심을 이기지 못하고 상자를 열어본다.

판도라의 호기심은 비록 좋은 결과를 가져오지 못했지만, 호기심이란 신의 말마저도 거역할 만큼 그렇게 강력한 것이다. 호기심은 행동을 유발시키고 위험을 감수하면서까지 도전하는 용기를 준다.

정주영의 수많은 발자취들은 이러한 호기심에서 출발했다. 새로운 삶에 대한 동경과 알고자 하는 욕구들이 모아져 그를 행동하게 만든 것이다.

정주영은 최근 화두가 되고 있는 창조적 경영의 선두주자이다. 때로는 무모해 보이는 일에 대해서도 순수한 호기심으로 도전하여 해답을 찾으려고 했다. 이러한 호기심은 사업뿐만 아니라 문학과 예술에도 발휘되어 소설가들을 직접 만나거나 여러 문화행사에 참여하기도 했다. 작업복 차림의 불도저 같은 남자 정주영에게 섬세한 아이디어와 번뜩이는 상상력이 수시로 나올 수 있었던 것은 감성적인 부분에 대한 호기심에서 시작된 것이다. 한 청년의 배우고자 했던 열망이 오늘날의 '현대'를 만든 것이다.

러시아의 음악가 루빈슈타인은 "호기심이란 무지의 고백인데, 그것은 의도적이며, 당당하며, 열렬하다"라고 말했다. 한편 일본의 소니SONY는 회사에서 필요한 인재의 조건으로 제일 먼저 '호기심'을 꼽았다.

'빨간 골프공'에 얽힌 일화는 그가 상상력으로 똘똘 뭉친 사람임을 보여주는 작은 일화이다.

골프를 하기로 한 전날이었다. 온 세상이 하얗게 눈이 내려 상대방 쪽에서 "골프를 치기 힘들지 않겠느냐"는 연락을 해온 것이다. 정주영은 어지간히 골프를 치고 싶었던 모양이었는지 아무 걱정 말고 골프장으로 나오라는 말만 남긴 채 전화를 끊었다. 하는 수 없이 약속장소인 골프장으로 갔을 때 상대는 정주영 품에 안겨 있는 빨간색 골프공이 잔뜩 든 상자를 보고 혀를 내둘렀다고 한다. 눈밭에서 보이지 않은 하얀색 골프공에 빨간색 칠을 해서 가져온 것이고, 덕분에 눈 덮인 페어웨이에서 멋진 라운드를 펼칠 수 있었다고 한다.

하얀 필드 위에 날아다녔을 빨간색 골프공만큼이나 정주영의 상상력은 한 자리에 있는 법이 없었다. 호기심, 그것은 앎에 대한 목마른 갈구이자, 상상력의 또 다른 이름이다. 어떤 분야에 대해 호기심이 생겼다면, 그것은 그 일에 대한 열정이 새롭게 태어난 것이다. 그러니 단순한 관심에서 한 걸음 더 나아가 새롭고 신선한 결과물을 반드시 성취하기 바란다.

호기심의 시작은 "왜?"이다. 어떤 문제를 알고자 하는 욕구 없이 자신의 있는 그대로를 숙명으로 받아들였다면 이 세상은 발전할 수 있었을까? 남이 시키는 일에 토를 달지 않고 해내는 것이 과연 얼마나 많은 발전을 가져올 수 있을까? 업무를 하면서 모르는 것에 대해서 알고자

하지 않는다면 그 일의 본질을 제대로 파악하지 못하여 일을 그르치게
될 것이다.

정주영이 추운 겨울날 유엔군의 무덤 위에 파란 잔디가 필요하다는
말을 듣고 번뜩이는 아이디어로 보리를 심어 미군들을 감동시켰다는 이
야기는 앞서 했다. 하지만 그것이 다가 아니었다. 그는 무덤 위에 파란
잔디가 필요하다는 말을 듣고 불가능하다는 생각을 먼저 하지 않고, 호
기심에 물었다고 한다.

"파란 잔디가 왜 필요합니까?"

정주영에게
배워야 할 기업가정신

5

상상을 초월하는 손해를 보면서도 주변의 만류에도 불구하고 신용을 지킨 정주영의 용단이 결국 더 많은 이익을 가져온 것이다. 하지만 보통 사람의 배짱으로는 그러한 손해를 감수하면서 신용을 지키기란 힘든 일이다. 하지만 신용이 곧 기업가의 자본이라는 생각은 '현대'의 마지막 남은 자존심이기도 했다.

미국의 철강 재벌 앤드류 카네기의 묘비명에는 다음과 같은 글귀가 쓰여 있다.

"여기에 자신보다 더 뛰어난 조력자들의 도움을 구하는 방법을 알고 있던 한 남자가 잠들었다."

사람들이 흔히 말하는 리더십이란 우두머리가 되어 대중을 이끄는 자의 능력이라고 생각한다. 하지만 좀 더 주의 깊게 살펴보면, 탁월한 리더십을 가진 자들은 옆자리에 유능한 조력자들을 여럿 두고 있다. 혁신 지향적인 리더로 잘 알려진 카네기는 자신의 신념으로 목적을 달성했던 기업인이었지만, 그의 곁에는 늘 그에 버금가는 참모들이 있었다.

리더십이란 무엇인가? 집단의 목표를 달성하기 위해 사람들을 발전적인 방향으로 유도하는 능력이다. 앞서 말했지만 리더란 단순히 사람들을 이끄는 자가 아니라, 내부 조직의 원활한 소통을 중재하는 사람으로서 통솔력은 물론 결단력과 추진력을 갖추고 있어야 한다.

미국의 혁신 지향적인 리더를 카네기라고 한다면 한국에는 정주영이 있다. 업무를 수행하는 데 있어서 돌발적인 상황이나 독단적인 처세가 아예 없었던 것은 아니지만, 똑똑한 사람보다는 성실한 사람을 원했던 '현대'의 인재관은 조력자의 중요성을 강조했던 정주영의 생각이 적극 반영된 것이라 하겠다.

현대그룹이 지금처럼 성장하고 세계 경제를 이끌 수 있었던 원동력은 바로 창업주 정주영의 혁신적인 기업가정신 때문이다. 나아가 탁월한 리더십과 경영 능력은 지금까지도 많은 사람들의 입에 회자되고 있다.

남들과 다른 정주영만의 기업가정신을 일일이 다 열거하기는 어렵지만 몇 가지를 들어보면, 그는 우선 남들이 갖기 어려운 창조력과 도전정신을 가진 소유자이다. 그리고 위기를 기회로 만드는 혁신적인 능력과 새로운 분야에 개척자적인 능력을 가지고 있었다.

또한 시대의 변화를 잘 읽었기에 격동기였던 1950년대부터 정치적으로 매우 어려웠던 1980년대에 기업 변신을 적절하게 시도하여 '현대'를 유지, 발전시킬 수 있었다. 그가 리더로서 판단력과 결단력에 뛰어났던 것은 그 나름의 지성이 있었기 때문이며, 그것은 경영자로서의 경험과 학구적 노력에 의해 이루어졌다고 할 수 있다.

01

부의 근원은 근검이다. 사람이 부지런히 일하면서 저축을 하면 자연히
신용이 생기고, 자신도 모르게 성취감이 쌓여가서 사람이 크게 된다.

근검절약을
실천하라

중국 도가사상의 대표적인 사상가
인 장자는 도道란 어떤 대상을 욕구
하거나 사유하지 않는 것이라고 말했다. 이는 인간 본연의 천성으
로서 '소박素朴' 이라고 불렀다. 정주영이 평소 집보다 더 왕래가
잦았던 공사현장에서 일하는 근로자들에게 입이 닳도록 강조했던
근검정신은 장자의 '소박' 과 일맥상통한다.

"집도 없으면서 텔레비전은 왜 있어? 라디오 하나만 있으면 세
상 돌아가는 것은 다 아니까 집 장만할 때까지는 참아. 회사에서
작업복에서부터 수건, 심지어 속옷까지 다 주니까 옷 사는 데 돈

쓰지 말고 저축을 해. 양복은 한 벌만 사서 처가에 갈 때만 입고!"

그는 국내 최고의 재벌기업가였음에도 불구하고 근검절약의 기본사상을 몸소 실천했으며, 평생 많은 사람들에게 도움을 받으며 살았기에 성공의 중요한 요인으로 신용을 꼽았다. 또한 회사의 이익을 추구하는 기업가 입장이기는 했지만 국가의 중요한 일에는 혼신의 힘을 다해 성취하는 애국적인 차원에서 기업을 경영하였다.

이러한 그의 정신은 국민 경제에도 많은 영향을 끼쳤다. 현대의 성장이 바로 국가의 부를 축적하고 국민들이 잘사는 세상을 건설할 수 있다는 생각을 가지고 있었기 때문이다.

정주영은 열아홉 살에 객지로 나와 막노동을 했던 시절부터 누구보다 무섭게 절약하는 청년이었다. 장작값을 아끼기 위해 아무리 추워도 저녁 한때만 불을 지폈고, 배가 부른 것도 아닌데 연기로 날려버리는 돈이 아까워 담배도 피우지 않았다. 전차값이 아까워 일찍 일어나 걸어서 출근을 했고, 구두를 오래 신으려고 굽에 징을 박아서 신기도 했다. 옷은 춘추복 한 벌로 만족했고, 그마저도 겨울에는 양복 안에 내의를 입고 지냈다. 한 마디로 천하에 지독한 구두쇠였다. 하지만 정주영이 젊었던 시절에는 누구나 가난했고, 그렇게 아끼지 않고서는 밥을 먹고살 수가 없었다. 하지만 집을 장만하고 수만 명의 가정을 책임지는 사람이 된 이후에도 그의 근검정신은 계속해서 이어졌다.

그는 같은 디자인의 구두 세 켤레를 30년 넘게 신은 것으로 유명했는데, 그것마저도 평범한 수제화집에서 만든 것이었다. 거실 소파의 가죽은 너덜너덜했으며, 의자와 탁자에는 여기저기 수리한 흔적이 말도 못하게 많았고, 고급스러운 가구는커녕 텔레비전마저도 소형이었다. 정주영이 살았던 집은 너무나 간소하여 비단으로 휘감은 여느 재벌집이 아닌, 가을날 빨랫줄에 널어놓은 새하얀 광목천 같았다.

그는 신문 지상에 개인 소득 랭킹 1위라는 발표가 있을 때마다 가난한 사람들에게 죄책감을 느꼈다. 세간에서는 그 많은 돈을 다 어디에 쓸 것인가 했지만, 그것은 정주영 개인의 것이 아니었을 뿐더러 실상 그의 생활은 중산층의 삶과 비슷했다. 먹는 것도 사업차 밖에서 먹는 것이 아니면 한식 위주의 소박한 하루 세 끼 식사, 커피 대신 인삼차가 고작이었다. 돈이 남보다 많다고 해서 특별하게 하는 것은 하나도 없었다.

최초의 직장이었던 복흥상회에서 배달을 하며 받은 월급은 무조건 반을 떼서 저축했고, 어쩌다 생기는 보너스는 만지지도 않고 곧장 은행으로 보내는 일에 익숙해지다 보니 사글세방은 전세방이 되고, 전세방은 자기 집이 되더라고 했다. 이러한 근검절약의 정신은 과소비를 일삼는 요즘 사람들에게 귀감이 된다. 재테크 바람이 불어 돈 모으기에 열정적일지는 몰라도 종이 한 장, 쌀 한 톨의 귀중함을 모르는 것이 요즘 세대들이다.

제2의 경제위기가 닥치고 사람들은 비로소 허리띠를 졸라매어야 한다고 외치고 있다. 진작부터 미래를 대비하고 절약하는 습관을 길렀다면 대한민국의 경제위기는 다시 찾아오지 않았을 것이다. 정주영의 자린고비 정신을 이어받아 다시 한 번 도약하는 계기가 되기를 바란다.

낭비나 사치 앞에는 장사가 없다. 만약 그것들 앞에서 다시 넘어진다면 제3의 경제위기 속에서 복구가 영원히 불가능할지도 모른다. IMF 이후 국민들은 경제 호황으로 돌아서는 가운데 너무 흥청망청 소비를 했다. 명품으로 온몸을 도배해야 직성이 풀리고, 자녀들의 해외유학 보내기 열풍은 식을 줄 모른다. 휴일이면 골프를 치기 위해 비행기를 타고 몸에 좋은 먹을거리들은 웃돈에 웃돈을 얹어도 날개 돋친 듯 팔려나간다. 정말 신선놀음에 도끼 자루 썩는 줄 모르고 세월을 보내면서 10년 만에 다시 경제 불황의 늪으로 빠져든 것이다.

이제 현실을 직시하고 긴 불황의 늪에서 탈출하기 위해서 시작해야한다. 대다수의 국민들이 속수무책으로 위기 속에 노출되어 있다. 항상 대비하는 자세로 근검절약하는 것은 물론이고, '소박'의 의미에 대해 다시금 되새길 때이다.

02

신용은 곧 자본이다. 중소기업이 대기업으로 커가거나 대기업이 세계적
인 큰 기업으로 성장하는 열쇠는 바로 신용에 있다.

신용이
재산이다

사람들은 자신의 이익을 위해 사람
들과의 신용을 가볍게 생각하는 경
향이 종종 있다. 이런 사람들은 신용이 눈에 보이지 않는 큰 재산
이라는 사실을 알지 못한다. 결국 눈앞에 보이는 이익 때문에 더
큰 이익을 놓쳐버린다. 정주영은 자신에게 돈을 빌리러 오는 사람
들에게 신용에 대해 다음과 같이 말했다.

"당신은 자본이 없는 게 아니라 신용이 없는 것입니다. 사람 됨
됨이가 나쁘다는 말이 아니라 당신한테 돈을 빌려줘도 된다는 확
신이 들 만한 신용을 쌓아놓지 못했기 때문에 자금융통이 어렵다
는 말입니다. 당신이 일을 성공시킬 수 있다는 신용만 얻어놓았다

면 돈은 어디든지 있습니다.”

정주영은 사업을 하는 데 있어서 신용 하나로 거대한 현대그룹을 일구었다. 신용에 관련된 하나의 일화를 들어보자.

정주영은 젊은 시절 자동차수리공장을 인수한 뒤 한 달도 못되어 직원의 관리부주의로 공장이 불타 하루아침에 빚더미에 앉게 되었다. 정주영은 자신을 믿고 공장을 차릴 때 돈을 빌려준 사람을 다시 찾아갔다. 단 한 번도 돈을 떼인 적이 없는 그는 정주영의 얼굴을 가만히 들여다보더니 선뜻 돈을 빌려주었다.

“내 평생에 사람 잘못 보아 돈 떼였다는 오점을 남기고 싶지 않으니 다시 한 번 빌려주겠네.”

돈을 가진 자들은 절대 손해를 보는 일은 하지 않는다. 그래서 손해를 보는 일을 원칙적으로 하지 않을 뿐만 아니라, 손해를 볼 것 같으면 과감히 포기를 한다. 정주영의 경우는 어땠을까?

물론 장사꾼인 그가 수익을 생각하고 사업을 벌이는 것은 당연한 일이었다. 하지만 일단 일을 시작하면 수익이 날 수 없거나 손해가 발생한다 하더라도 ‘신용’이 먼저라고 생각했다. 손해를 볼 것이 불 보듯 뻔한 상황에서도 신용을 지키는 것이 철칙이었다.

현대는 낙동강 고령교 공사에서 진 빚을 청산하는 데 20년이 걸렸다. 공사를 시작하면서 이미 예견되었던 손해에 대해 신용제일

주의자 정주영은 그의 방식대로 밀고 나갔다. 결국 현대는 고령교 복구공사로 입은 막대한 손해로 재기가 불가능할 것이라는 소문이 자자했다. 그러나 정주영은 "기업가가 신용을 잃으면 모든 것이 끝이다"라는 신념으로 사람들의 걱정과 의심의 눈초리를 묵묵히 견뎌냈다.

신용을 제1의 원칙으로 삼아서일까? 그의 신념은 2년 뒤에 빛을 발하게 되었다. 정부는 손해를 보면서도 묵묵히 공사를 완수해낸 '현대'에게 1957년 한강 인도교 복구공사를 맡겼다. 현대는 한강 인도교 공사로 고령교 복구공사에서 손해 본 것을 만회할 수 있는 기회를 얻게 되었다. 뿐만 아니라 이를 시작으로 경인고속도로 건설, 다목적 댐 공사, 항만공사 등 우리나라의 굵직한 토목사업들을 수주하였다. 결국 현대는 우리나라의 경제성장에 중요한 역할을 수행해온 1960년대 국내 사회간접자본시설과 기간산업 건설의 중추적 역할을 도맡게 되었다.

상상을 초월하는 손해를 보면서도 주변의 만류에도 불구하고 신용을 지킨 정주영의 용단이 결국 더 많은 이익을 가져온 것이다. 하지만 보통 사람의 배짱으로는 그러한 손해를 감수하면서 신용을 지키기란 힘든 일이다. 하지만 신용이 곧 기업가의 자본이라는 생각은 '현대'의 마지막 남은 자존심이기도 했다.

보통 신뢰를 두고 일을 할 때에도 어느 정도 주고받는 것을 생각하기 마련인데, 정말 제대로 된 신뢰를 쌓고 싶다면 함께하고 싶은 사람들을 모두 끌어안고 그들을 위한 안전한 배를 먼저 제공하는 것이 좋다. 그래야만 당신이 어려울 때 상대편에서 손을 내밀 것이다.

●
●●
사회에서 진정한 성공을 하기 위해서는 눈앞에 있는 작은 이익에 집착하기보다는 먼 미래를 위해서 당장은 손해를 보더라도 신용을 지켜야 한다. 작은 이익을 위해서 신용을 저버리면 그동안 쌓았던 신용마저 잃게 된다. 조금 더 참으면 더 큰 이익이 올지도 모른다. 당장 잃은 것이 신용보다 크다고 해도 절대 신용을 버려서는 안 된다. 정주영은 어떠한 상황에서도 신용을 저버리지 않았기 때문에 언제나 자신의 희생보다 몇 배 더 값진 대가를 얻을 수 있었다.

성공한 사람들은 모두 신뢰를 얻기 위해 노력한다. 이를 위해서는 나보다 상대방을 먼저 생각하고 배려하며, 여러 입장에서 문제를 보고 해결해야 한다. 하지만 단 한 번의 배려로는 사람의 마음을 얻을 수 없다. 사람의 마음을 얻는 것은 천하를 얻는 것이라 했다. 사람 간의 신용이야말로 이 세상 무엇과도 바꿀 수 없는 재산이다.

장기적인 안목으로
위기를 대처하라

난세가 영웅을 만드는지 영웅이 난
세를 만드는지에 대한 딜레마는 예
나 지금이나 변함없이 기회와 리더십에 관한 화두이다. 지금처럼
국내외가 경제위기에 놓인 동시에 사상 초유의 실업난 시대를 살
아가고 있는 사람들은 영웅이 나타나기만을 꿈꾸고 있다. 또한 소
설 속에 등장하는 영웅처럼 누군가가 나타나 그 위기를 극복해주
기를 바란다.

이런 위기 속에서라면 변화를 이해하는 리더야말로 현 시대가
진정으로 원하는 리더가 아닐까? 리더들은 위기가 다가오면 동물
적인 감각으로 그것을 감지하고 발빠르게 대응한다. 미래를 읽을

수 있는 능력이 변화를 대처하는 힘이다. 미래를 직감하고 그에 대응하기 위해 움직이고 다른 사람보다 먼저 준비한 사람, 정주영의 이야기를 들어보자.

사업을 위해 여기저기서 돈을 빌리러 다니던 끝에 미국, 일본 등에서 퇴짜를 맞은 정주영은 급히 영국으로 건너갔다. 런던에 도착한 그는 동행한 직원에게 영국에서 제일 좋은 대학이 어디냐고 물었다.

"옥스퍼드대학이 유명한데, 갑자기 왜 그걸 물으십니까?"

"그래? 그럼 옥스퍼드로 가봐야지."

옥스퍼드대학의 교정을 한참 동안 둘러본 그는 영국의 A&P 애플도어사 롱바톰 회장에게 가서 돈이 필요하니 은행에 다리를 좀 놔달라고 말했다.

"나 두 시간 전에 옥스퍼드에서 경제학박사 학위받은 사람인데, 배 좀 만들려고 하니 돈 좀 빌립시다."

그는 정주영이 터무니없는 거짓말을 하고 있다고 생각했지만, 그의 배짱과 호기가 놀라울 따름이었다.

"그래요? 그 박사학위 한 번 봅시다."

그는 당당히 지갑에서 500원짜리 지폐에 그려진 거북선을 보여주었다.

지금은 너무나 유명한 일화가 된 이 이야기는 한동안 광고에도 나와 큰 주목을 받기도 했다. 그가 행한 것은 절체절명의 임기응변이다. 그것도 장기적인 임기응변이었다. 그는 절대로 금방 들통 날 만한 호기를 부리지 않았다. 위기 앞에서 그 순간을 모면하는 것은 쉬우며, 약간의 거짓말과 기교만으로도 충분하다. 하지만 일시적인 방편만으로 모든 일을 해결하다 보면 발전은커녕 얼마 가지 못해 모든 것을 잃을 수 있다.

장기적인 안목으로 현재의 위기를 대처하는 이유는 미래로 나아가기 위함이다. 그런데 미래를 읽어내고 대비한다는 것은 모험에 대한 용기가 없으면 불가능한 일이다. 남북한 교류에 먼저 물꼬를 터주고 1970년대 초반에 우리나라에 조선소를 만들기도 전에 선박왕에게 배를 두 척이나 팔 수 있는 능력은 보통 사람에게서 찾기 힘든 일이다.

과거도 아닌 아직 오지 않은 시간에 대해 감지하고 움직일 수 있다는 것은 안전과 편안함을 추구하는 사람으로서는 상상조차 할 수 없는 일이다. 정주영처럼 창조적인 두뇌를 가진 사람들은 원칙을 고수하지 않는다. 그에 관한 수많은 에피소드들은 유독 황당한 얘기들이 많다. 특히 감탄사가 절로 나올 만큼 순간순간을 대처하는 위기대처능력은 세간의 화제로 떠오르기도 한다. 동물적인 감각으로 대처하되 미래를 꿰뚫는 정확한 시각은 리더가 반드시 갖추어야 할 덕목 중에 하나이다.

현 시대는 정말 한 치 앞을 내다보기 어려울 정도로 그 변화의 흐름을 읽어내기가 어렵다. 더욱이 경제가 얼마나 더 어려움 속으로 빠져들지 그 정도를 예측하기 힘든 상황에서 많은 정치가와 경제인들의 의견이 분분한 상태이다. 하지만 그들은 도전하기보다는 모두 현 상황을 유지하기 위해 단속하고 주의하라는 얘기에만 혈안이 되어 있다. 이런 시기에 도전적으로 위험 속으로 뛰어들어 문제를 해결하기 위해 노력했던 정주영의 빈자리가 더욱 크게 느껴지는 것은 당연한 일이다.

04

작은 일에 성실한 사람은 큰일에도 성실하다. 작은 일을 소홀히 하는 사람은 큰일을 할 수 없다.

스스로
솔선수범하라

미국의 자동차회사인 크라이슬러의 신임 CEO인 로버트 나탈리는 취임 후 첫 기자회견에서 "연봉 1달러만 받고 나머지는 이후 성과급으로 받겠다"고 발표하여 사람들을 깜짝 놀라게 만들었다. 사람들은 이를 두고 '무서운 솔선수범'이라고 말하며 회사 내 구조조정에 따른 매서운 칼바람을 예고하기도 했다.

리더에게 필요한 것은 화려한 언변도 아니고 대중을 휘어잡는 카리스마도 아니다. 아무 말도 하지 않고 대중을 이끄는 힘, 바로 솔선수범이 무엇보다 중요하다. 과연 정주영의 솔선수범은 어떤 모습이었을까?

3, 40대 직장인들을 대상으로 한 설문조사에 따르면 회사에서 가장 무서운 것이 상사의 솔선수범이라고 한다. 사원들을 모아놓고 백날 떠들어봐야 아무 소용이 없다는 말이다. 이는 아주 간단한 이치이다. 가령 직장 내 지각이 잦은 직원이 있다고 하자. 상사가 그 문제에 대해 지적을 하기 위해서는 그 자신부터 지각을 하지 말아야 한다. 또 능력이 부족한 직원에게 조언을 하기 위해서는 어떤 면에서든 그 사람보다 뛰어난 면모를 보여야 한다. 말로만 떠들거나 정곡을 찌르지 못하는 두루뭉술한 지적은 오히려 역효과를 낳을 수 있다.

　"나는 성공한 기업가가 아니라 단지 부유한 노동자이다"라는 정주영의 이 한 마디에는 많은 뜻이 숨어 있다. 젊은 시절에 경험한 육체노동의 어려움을 알고 있었던 것도 있지만, 자신이 말로만 지휘하는 리더가 아니라 직원과 함께하는 리더임을 말하고 싶었던 듯하다. 가난을 아는 CEO 정주영은 직원들의 마음을 아는 유일한 상사였고, 노동의 참맛을 이미 경험한 선배이자 동료였다.

　그는 무슨 일을 하든지 솔선수범했다. 한 가지를 하더라도 끝장을 봐야 한다는 평소의 철학 덕분이었다. 언제나 최선을 다해서 일했을 뿐만이 아니라 누구보다 먼저 앞섰다. 사무실에 앉아 탁상공론에 빠져 있지 않고, 건설현장을 돌며 그곳의 상황을 수시로 체크하였다. 그래서 밥 먹듯이 현장에 방문하고, 공사기간을 단축

하기 위해서 막사를 치고 인부들과 함께 생활하기도 했다. 오죽했으면 직원들 사이에서 '호랑이'라고 불렸을까. 이러한 그의 모범으로 직원들 역시 현장에서 더욱 긴장하면서 공사에 완벽성을 기하고자 노력했고, 이것은 오랫동안 이어온 '현대'의 자랑거리이기도 하다.

리더십의 가장 큰 덕목을 꼽으라면 필자는 아무런 망설임 없이 솔선수범이라고 말한다. 유능한 상사는 절대 말로 하지 않고 행동으로 직접 보여주며 당사자가 스스로 깨달을 수 있도록 도와준다. 정주영이 '현대'를 이끌면서 스스로가 먼저 노동자의 삶을 선택한 것도 리더의 가장 중요한 덕목을 지킨 일이라고 할 수 있다. 또한 그의 솔선수범은 거짓된 모습 없이 마음에서 진정으로 우러나온 행동임을 누가 봐도 알 수 있기 때문에 리더의 진정성이 더욱 느껴진다. 세간에는 '눈 가리고 아웅' 하는 식의 솔선수범들이 난무하고 있고, 국민들이 그러한 '반짝쇼'에 속아주기를 바라는 공인들도 많이 있다. 팀원들을 단결시키고, 전 직원을 통솔하고, 나아가 나라의 국민을 이끄는 사람이 되기 위해 정주영식 솔선수범을 따라가보자.

05

물질적인 자원은 어느 정도 한계가 있지만, 인적자원은 앞으로 무한한
발전 가능성을 안고 있다.

조직의 정체성을
만들어라

조직의 정체성identity을 만든다는
것은 조직의 구성원들로 하여금 궁
극적으로 어떤 비전을 공유할 것인가를 수립하는 일이다. 조직을
잘 운영하기 위해서는 내가 속한 조직이 다른 여러 조직들과 다르
다는 것을 분리시켜 바라보아야 한다. 그렇게 해야 다양한 소속의
임무에 충실할 수 있다. 또한 고객들에게 그 조직만의 독특하고
고유한 문화를 이미지화시켜 그 제품을 전적으로 신뢰하고 구입
에까지 이르게 하는 것이 가장 중요한 목표이다.

정주영은 능력 있는 인재를 뽑아 조직에 맞는 사람으로 만드는

데 탁월한 능력을 가진 사람이었다. 이러한 그의 자세를 엿볼 수 있는 말을 들어보자.

"능력 있는 사람을 뽑아 과제를 많이 줘서 승진시키는 것이 내 경영방침이다. 말단사원이라도 아이디어를 내면 제때에 정확한 가부를 결정해준다. 그리고 가급적 사기를 돋워주는 인사제도를 도입하려고 노력했다."

조직의 결속력을 다지기 위해서는 자기가 그 회사의 성장에 보탬이 되고 있다는 것을 자타 모두 공인한 상태라야 한다. 따라서 정주영이 말단사원의 아이디어라고 해도 하대하지 않았던 이유는 무엇보다 조직의 결속력을 중시했기 때문이다.

과거 우리 기업들은 주로 명령하달의 원칙에 의해 주로 위로부터 내려오는 지시에만 매달렸다. "나폴레옹의 군대에서는 졸병도 나폴레옹이 된다"라는 말이 있다. 나폴레옹은 병사들을 자신의 지시에 절대복종하는 사람으로 보지 않고 계급이 낮은 병사들의 의견까지 모두 수렴하여 전략과 전술을 세웠다. 미래에 살아남을 수 있는 기업은 소수의 엘리트 집단에 의해서만 운영되는 것이 아니라, 다양한 목소리에 귀를 기울여 누구에게나 기회를 주는 곳이다.

기업의 정체성은 그 기업의 본질이다. 그런데 그 본질은 항시 기업의 발전방향과 그 횡보를 함께해야 한다. 기업이 추구하는 것이 무엇이고, 그것을 위해 어떤 노력을 기울어야 하는지에 대해 연구하는 것도 기업의 정체성을 찾는 데 중요한 일이다.

정주영이 일본에 의해 쌀가게의 문을 닫고 시작한 자동차수리소를 생각해보자. 당시 서울에 있던 세 개의 자동차 정비소들의 전략은 간단한 고장도 무시무시한 것으로 포장해 시간을 끌어 돈을 버는 것이었다. 그때 정주영은 정비소의 본질에 대해 생각했다. 차가 고장 났을 때 사람들은 무엇을 바라는가? 그렇다. 조금 비싸도 정확한 진단을 내려 신속하게 고쳐주기를 바랄 것이다. 결국 본질을 꿰뚫은 정확한 눈은 후일 현대자동차를 만들었고, 세계 선진 시장에서 정주영의 '현대'를 우뚝 설 수 있도록 해주었다.

한 기업의 정체성이란 다른 경쟁 조직이나 기업이 흉내낼 수 없는 그 무엇이다. 따라서 조직의 문화가 명확하다면 직원들의 결속력은 리더에게 엄청난 강점으로 작용된다. '현대'의 정체성은 가난한 대한민국을 부자로 만드는 민족적 본질에 대한 열쇠였던 동시에, 도전정신과 창조정신으로 산업화시대를 이끈 한 기업의 성공이기도 하다.

지금 우리는 한 사람의 기업인으로서, 또한 국민으로서 먼 미래를 내다보면서 진취적인 기상을 가질 것을 요구했던 정주영의 정체성을 배워 자신만의 고유한 특성을 저마다 꽃피울 때이다.

06

이 세상 모든 일은 사람과 함께한다는 생각으로 열린 마음을 가지고 상대하면 못할 것도 없다.

다양성을
이해하라

다양성에 어느 누가 돌을 던질 수 있을까? 나, 우리 가족, 우리나라만의 것을 고집하며 그외 것들에 대해서는 가차 없이 비난하던 방식이 통하던 시대는 이미 끝났다. '다르다'와 '틀리다'를 인정하기까지는 꽤 오랜 시간이 걸리고 그 사이에 많은 갈등들이 일어나는 것은 사실이지만, 계속해서 '내 것'만을 고집하면 더 이상 21세기에서 살아남을 수 없다.

정주영이 다양성에 대해 이해하지 못했다면 지금처럼 현대의 다양한 분야의 계열사들은 존재하지 못했을 것이다. 문화의 다양성을 이해하는 것은 있는 그대로 그들의 방식을 인정하고 수용하는 것이다. 지금 세계적인 다국적 기업들은 '다양성'과의 치열한 경쟁에서 살아남기 위해 부지런히 달리고 있다.

현대자동차는 세계 시장을 활기차게 누비고 있으며, 현대조선은 당당하게 세계 바다를 향해 뱃머리를 돌리고 있다. 현대가 언제나 앞서 나갈 수 있었던 것은 어느 상황에서도 다양성을 인정하며 창조의 발판을 만들었기 때문이다. 직원들이 자신의 기량을 있는 그대로 발휘할 수 있도록 해주고, 불가능을 가능으로 바꾸는 정주영의 생각은 다양성 그 이상이었다.

다양한 문화와 생활방식에서 살아온 세계 각국의 인재들은 자신들의 다양한 취미와 재능, 기술, 그리고 라이프스타일 속에서 더 많은 아이디어와 에너지를 창조해낸다. 그런 점에서 현대도 세계 각국으로 진출하고 그곳에서 다양한 인재와 일을 하면서 더 나은 아이디어와 그들의 문화를 접목할 수 있었다.

좋은 인재를 채용하고도 원하는 성과를 얻어내지 못하는 기업들이 많다. 그 근본적인 이유를 보면 직원들의 다양성을 인정하기보다는 회사의 틀에 직원들을 맞추다 보니 그들의 역량이 창출되지 못하는 것이다.

하지만 진정한 리더라면 개개인의 능력을 인정하고 잘하는 것을 더 잘하도록 만들기 위해 아낌없는 지원과 투자를 보내야 한다. 반면 능력이 없는 리더는 모든 직원들을 자신의 고정된 틀에 맞춰 평가하고, 회사의 전통적인 룰에 맞지 않으면 무능력하다는 딱지를 붙여버린다.

정주영은 사람에게 투자를 하면 손해를 보지 않는다고 생각했다. 이명박 대통령의 경우 한때 정주영의 총애를 한 몸에 받았던 사람이다. 두 사람이 모두 불도저에 비유되는 것을 보면 아무래도 비슷한 점이 많은 것 같다.

1966년 나라티왓 공사 현장에는 젊은 이명박이 있었다. 한 번은 태국현장의 근로자들이 폭동을 일으켜 목숨이 왔다 갔다 할 정도로 일촉즉발의 상황에 처한 적이 있었다. 폭도들의 목적은 사무실에 있는 금고였고 칼로 이명박을 위협하며 금방이라도 일을 칠 기세였다. 그는 순간 생명의 위협을 느끼면서도 금고를 끝까지 놓지 않았고, 때마침 달려온 경찰들 덕분에 겨우 목숨을 건질 수 있었다. 이 소식은 정주영의 귀에까지 들어갔고, 이명박에 대한 애정과 지지는 그후로도 계속되었다. 이명박이 35살 젊은 나이로 '현대'의 중심이라 할 수 있는 현대건설의 사장 자리에 오를 수 있었던 것도 정주영만의 인재관이라고 할 수 있다. 파격적인 인사조치, 현장경험이 많은 인재 중시, 성실한 사람 우대, 이 세 가지는 정주영의 주된 인재관이었으며, '현대'가 다양성을 꽃피울 수 있었던 유일한 힘이었다.

정주영의 다양성이 비단 인재관에서만 빛을 발했던 것은 아니다. 정주영이 높은 입찰가격을 썼음에도 불구하고, 사우디아라비아의 알코타 제1지역과 제다지역, 리야드의 공공주택단지까지 수주하는 성과를 올리게 된 것은 평소 다양성을 중시했던 정주영의 사상 덕분이었다고 해도 과언이 아니다.

공사를 따내기 위해 사우디아라비아를 방문한 정주영에게 파이잘 국왕이 물었다.

"당신의 종교는 무엇입니까?"

"특별히 종교는 없습니다만."

"당신이 공항에서 왕실로 오는 길에 아랍 사람들과 함께 싸라시 간에 메카궁을 향해 절을 했다고 하는데 그것은 무슨 뜻이오?"

"신의 이름이 다르고 믿는 방법이 다를 뿐, 아랍인이 믿는 알라신이나 제가 믿는 신이나 똑같다고 생각합니다. 그러니 남들이 자기 신에게 경배하고 있는데 가만히 보고만 있는 것은 예의가 아니라고 생각합니다."

왕실 사람들은 모두 정주영의 말에 감동했고, 12억 달러에 달하는 큰 공사를 그에게 내주었다.

다양성을 인정한다는 것은 말처럼 쉬운 일이 아니다. 이 세상 모든 일은 사람과 함께한다는 생각으로 열린 마음을 가지고 상대하면 못할 것도 없다. 독단적인 생각과 자기 것만 고집하는 어리석은 마음에서 벗어나 나 이외의 것들에게 관심을 가져보기 바란다.

'현대'를 스펙트럼에 통과시켜보면 수천, 수만 가지의 색깔로 나타날 것이다. 현대가 다양한 분야의 사업을 할 수 있었던 것은 직원들 개개인의 정체성과 조직의 정체성을 인정했기 때문이다. 틀 속에 갇힌 집단은 다양성을 잃어가고 개성 있는 색깔을 잃게 된다. 창의적이고 창조적인 아이디어를 발산하는 개인을 인정하고 개성을 존중해줄 때 이 사회가 발전할 수 있는 것이다.

2009년 봄, 현대건설은 18번째 사장을 맞이했다. 34년 동안 현대건설에 몸담았고 뼛속까지 현대 건설맨이라는 평가를 받고 있는 김중겸 대표이사의 말 속에 다양성을 인정하고자 노력했던 창업주 정주영의 생각이 고스란히 드러나는 듯하다.

"1년을 먹고살려면 사업을 잘 운영해야 하고, 10년을 먹고살려면 사업을 바꿀 줄 알아야 한다."

07

사람이 태어나서 각자 나름대로 많은 일을 하다가 죽지만, 조국과 민족
을 위해 일하는 것만큼 숭고하고 가치 있는 것은 없다.

나라를 위해
기여하라

자본을 창출하는 일은 작게는 나를
위한 일이지만 궁극적으로는 개인
의 이익을 뛰어넘어 여러 사람들과 함께 이익을 공유함으로써 나
아가 국가를 위한 일이기도 하다. 정주영은 진정한 리더가 되기
위해서는 자신만을 위해서가 아니라 나라와 국민을 걱정해야 한
다고 말했다.

30년이라는 짧은 역사를 가진 현대중공업이라는 이름의 국내
조선산업이 사상 최대의 상한가를 경신하게 된 이유에 대해 업계
에서는 '불가능을 가능하게 하는 도전정신'과 '상상력이 빚어낸

창조경영'을 꼽지만, 국가발전에 기여하고자 했던 정주영의 철학 또한 현대중공업을 키운 가장 큰 원동력이었다. 현대가 자신들만의 이익을 추구했다면 국민들은 현대중공업에 대한 기대감이 없었을 것이다. 그러나 정주영은 현대중공업을 세계 최고의 기업으로 만들어 국가 경제에 이바지하고, 나아가 한국을 조선 강국으로 바꾸고자 하는 철학을 가지고 현대를 경영했기 때문에 국민들에게 희망을 줄 수 있었다.

현대가 울산에 조선소를 짓겠다며 나선 것은 공업입국을 바탕으로 경제발전을 목표로 한 박정희 대통령의 제안에서 시작되었다. 1973년 7월, 포항종합제철 준공예정을 앞둔 시점에 정주영을 청와대로 불러 우리 기술로 생산된 제철을 단순 수출에 치중하지 말고 그것의 부가가치를 높여 수출하자고 제안했고, 드디어 조선소 건립을 추진하라는 명령이 떨어졌다.

당시 그는 울산 현대자동차공장 설립에 집중하고 있었기에 종합적 첨단기술과 자본이 요구되는 엄청난 조선소 건립에 대해 불가능하다는 입장을 표명했다. 그러자 박정희 대통령이 말했다.

"현대가 국민 기업임을 강조하면서, 국가발전을 위해서 누군가 해야 할 일을 정 사장이 해주기를 바라오."

정주영은 박정희 대통령의 간곡한 부탁에 마음을 돌렸고, 현대가 조선소 건립에 따라 날개를 달 수도 있다는 생각에 도전하기로 마음먹었다. 그러나 현대가 조선업에 뛰어들 것이라는 말에 국내외 전문가들의 우려가 만만치 않았다. 국내에서는 아무리 현대라도 기술력과 자금 부족으로 결국 실패할 것이라는 부정적인 생각들이 지배적이었고, 당시 세계 1위였던 일본마저도 "5만 톤급 선박만 만들어도 대성공"이라며 비웃었다. 그러나 정주영은 아랑곳하지 않고 사람들의 고정관념을 깨기 위해 도전하였다. 아무것도 없는 미포만 모래사장 사진 한 장과 영국 조선소에서 빌린 유조선 도면만 달랑 들고 세계를 누비기 시작했다.

정주영은 먼저 조선소 건립을 위한 차관을 도입하기 위해 런던으로 날아갔다. 1971년 그는 A&P 애플도어의 롱바톰 회장을 만나 돈을 빌려야 하니 주선을 해달라고 말했다. 대답은 "No"였다. 조선소를 설립해본 경험도 없고 선주도 없는 사람이 돈을 빌리는데 주선을 해달라고 하니 당연한 대답이었다. 그러나 정주영은 순순히 물러서지 않고 바지 주머니에서 500원짜리 지폐를 꺼내 펴보였다.

"당신네 조선 역사가 1800년대부터라고 알고 있는데, 우리는 벌써 1500년대에 철갑선을 만들어 일본을 혼낸 민족이오. 다만 쇄국정책 때문에 산업화가 늦어졌고 조선사업에 대한 아이디어가 녹슬었을 뿐이오."

롱바톰 회장은 객관적인 자료도 없이 자신을 찾아온 당당한 동양인을 보며 말없이 웃었고, 이것은 세계적 조선소인 현대중공업이 탄생하는 신호였다. 하지만 호락호락한 롱바톰이 아니었다. 그는 바로 조건을 내걸었다.

"좋소! 돈을 빌릴 수 있도록 주선을 해드리지요. 그런데 당신이 만든 배를 누군가 사겠다는 계약서가 필요합니다. 계약서만 가져오면 문제없습니다."

롱바톰 입장에서는 50 대 50의 마음이었다. 동양의 작은 나라에서 온 사람의 열정에 50점, 만만치 않은 조선업계에 50점, 누가 이기든 그는 상관없었다. 정주영도 그것을 알고 있지만 이렇게 말했다.

"이봐, 우리 성공했어!"

이제 해야 할 일은 선주를 찾는 것이었다. 누가 조선업을 한 번도 해본 적 없는 사람에게 배를 만들어 달라고 할까? 누가 봐도 무모한 도전이었다. 하지만 의외로 그가 찾아간 곳은 최고의 해운업자인 리바노스란 사람이었다. 그때 정주영의 손에는 울산 바닷가에 소나무 몇 그루와 초가집 몇 채가 전부인 황량한 풍경의 사진이 전부였다. 리바노스가 물었다.

"조선소는 가지고 있습니까?"

그는 말 없이 그 사진을 보여주었다. "조선소는 아직 없습니다"라는 대답 대신이었다. 그런데 두 번째 기적이 일어났다. 리바노스가 이 황당한 사내에게 악수를 청해오는 것이 아닌가? 그리고는 말했다.

"배 두 척을 만들어 주시오."

두 번의 기적은 정주영의 기적도, 현대의 기적도 아니었다. 그것은 대한민국의 기적이었다. 평소 정주영의 국가관을 그대로 보여주는 말이 있어 그대로 옮겨본다.

"현대는 단순히 장사를 하는 단체가 아니라 국가의 발전을 위해서 분투하는 중추적인 역할을 하는 집단이다. 나는 자신 있게 말하는데, 현대그룹의 과거 50년 동안의 성장은 우리 현대 자신을 위해서 노력했을 뿐만 아니라, 국가 경제를 일으키는 데 선도적인 역할을 담당했다고 생각한다."

정주영의 창조정신은 아무것도 없었던 조선업의 불모지였던 한국을 세계 최고의 선박제조국으로 만들었다. 또한 아무것도 없던 미포만의 바닷가에 현대중공업을 세워 불야성을 이루게 하였다. 또 일흔 살 늦은 나이에 정치판에 몸을 담고, 통일사업의 끈을 끝까지 붙잡고 있었던 것은 무엇을 의미하는가? 그것은 일제강점기에서 한국전쟁, 분단, 군사정권 등 한국의 현대사를 온 몸으로 부딪쳐온 사람만이 할 수 있는 일이었다. 국민들이 배고플 때 배를 채워주고, 일자리가 없을 때 일자리를 만들어 주는 것, 그것이 애국이 아니면 무엇이 애국이란 말인가!

시간을 돈처럼
생각하라

프랑스의 사상가 몽테뉴는 "사람은 시간을 빌려주는 것을 쉽게 생각한다. 만일 사람들이 돈을 아끼듯이 시간을 아낄 줄 알면 그 사람은 남들보다 큰일을 하며 크게 성공할 것이다"라고 말했다. 성공하고 싶다면 시간을 잘 관리해야 한다. 실제로 주변에서 성공한 사람들은 모두 시간을 생산적으로 지배하고 있다. 바꿔 말해 시간을 지배하지 못하면 결코 성공할 수 없다.

정주영은 시간을 '생명'이라고 말했다. 그래서 게으름을 피우는 것에 대해 선천적인 혐오감을 가지고 있었으며, 젊은 사람들을 만나면 "당신이 나보다 시간을 많이 가지고 있기 때문에 당신이 더 부자이다"라고 말했다고 한다.

사람은 보통 적당히 게으르고 싶고, 적당히 재미있고 싶고, 적당히 편하고 싶어 한다. 그러나 정주영은 그런 특성을 가진 사람들에게 '적당히'의 그물 사이로 귀중한 시간을 헛되이 빠져나가게 하는 것처럼 우매한 삶은 없다고 일침을 놓았다.

언젠가 직원들이 회장의 비서들이 진급을 빨리하는 것을 보고 불만을 토로했다. 보통 대리가 되는 데 3년이 걸리는데 비서진들은 2년이면 대리가 되는 것에 불만을 품은 것이다. 정주영은 당장에 그런 불만을 갖고 있는 사람들을 비서실로 출근시키라고 말했다. 그러나 새벽 5시에 출근하는 것을 견디지 못한 사람들은 얼마 가지 못해 모두 회사를 그만두게 되었다. 새벽 3시 30분에 하루를 시작하는 회장을 모시자니 비서진들도 그만큼 빨리 움직일 수밖에 없었고, 그들의 수고를 안 정주영이 그들의 진급을 조금 더 빨리 시켜준 것인데 사람들이 불만을 품자 직접 해보라는 특단의 조치를 취한 것이다.

정주영은 시간 관리를 잘하고 남들보다 부지런한 사람에게 높은 점수를 주었고, 자기 일에 불평하는 사람들을 극도로 싫어했다. 사람의 운명은 새벽에 무엇을 하느냐에 따라 결정된다고 말했을 정도였다. 그렇다면 시간 관리를 잘하는 사람은 어떤 사람일까?

어떤 사람이 정주영에게 어떻게 그렇게 많은 일을 다 처리하느냐고 물었더니 그가 대답했다.

"어떤 일을 결정할 때 무엇이 중요하고 급한지를 가려, 급한 일과 큰일부터 전력을 다하면 작은 일들은 저절로 해결됩니다. 리더는 무엇보다 수치에 밝아야 해요. 그래야 우선순위를 가려낼 수가 있거든요."

그는 자정을 넘기는 마라톤 회의를 한 다음날에도 새벽같이 일어나 운동을 했다. 보통 사람 같으면 부족한 잠에 대해 호소를 할 만도 하지만 그는 잠자는 시간도 아끼는 사람이었다. 한 번은 취재하는 카메라에 이마를 부딪쳐 상당히 큰 부상을 입고 병원에 갔던 적이 있었다. 의사는 출혈이 심한 것을 염려해 신경안정제를 먹고 자라고 권했다. 하지만 정주영은 한사코 약을 거부했다.

"수면제 같은 건 필요 없어요. 피곤이 곧 수면제니까. 나는 잠 하나는 꿀맛처럼 잘 자거든요."

잠자는 시간까지 아까운 사람이니 직원들이 시간을 함부로 낭비하는 것을 봐줄 그가 아니었다. 그래서 어떤 지시를 내릴 때면 "내일 아침까지 하세요"라고 말했다고 한다. 정말 내일 아침까지 해야 하는 일도 있었겠지만, 시간을 촉박하게 주어 일의 능률을 높이고자 했던 숨은 뜻도 있었을 것이다.

그는 어제와 같은 오늘, 오늘과 같은 내일을 사는 것은 사는 것이 아니라 죽은 것이라고 하였다. 오늘은 어제보다 한 걸음 더 발전해야 하고 내일은 오늘보다 새로워져야 한다는 신념으로 인생을 보냈다. 이러한 시간관념을 통해서 자신의 삶을 가치 있게 만들었으며, '현대'를 오늘날처럼 성장시킬 수 있었다.

●●
○●

시간 낭비를 제일 싫어했던 정주영은 건설현장에서 '호랑이', 또는 '저승사자'로 통했을 정도로 수시로 나타나 시간을 아무렇게나 보내는 직원들에게 불호령을 내렸다. 훗날, 아무 때나 나타나 으르렁거리는 자신에게 마음의 상처를 입었을 직원들도 많을 것이라 염려했을 정도다. 하지만 일에 집중하지 않으면 1시간이면 끝날 일도 24시간을 줘도 못하는 경우가 생긴다.

사람들은 항상 바쁘다는 말을 입에 달고 살면서 시간을 아낄 줄 모른다. 일이십 분 정도는 시간으로도 생각하지 않으며 시간과 자신의 삶을 그저 낭비할 줄만 안다. 날마다 해가 빨리 떠오르기를 기다렸다는 정주영을 기억하며, 시간을 '생명'으로 여긴다면 불가능 그것은 아무것도 아니다.

09

세상에 영원히 강한 것은 없다. 다만 계속 변하고 그것에 잘 적응하는 자가 가장 강한 사람이다.

환경 변화에
대처하라

한 가정의 가장 또는 일반적인 기업체의 CEO라면 자신을 믿고 있는 가족들과 직원들을 위해서 당장의 현실에 맞춰 고작 일 년의 계획만 세우면 안 된다. 적어도 20~30년, 길게는 100년 뒤를 내다보면서 계획을 세우고 실천해야 한다. 정주영은 그런 면에서 기업의 리더로서 사회의 변화를 예상하고, 미래 성장을 견인할 신사업을 직감적으로 예측하여 성공적으로 확장하고 발전시켰다.

현재 새로운 성장과 고용창출을 위해서 고민하는 정부와 국내외 기업들은 미래 유망산업에 대해 연구하고 인적자원에 투자하는 것을 소홀히 해서는 안 된다. 그러나 진정한 리더는 혼자 고민하지 않는다. 인적자원에 투자를 하는 것 또한 그런 이유이다. 직원들과 공유하면 생각 밖의 답을 얻기도 하고 창의적인 아이디어로 대박을 터트리기도 한다.

미래로 나아갈 수 있는 가장 중요한 신성장동력은 내부고객이다. 따라서 리더는 내부고객, 즉 직원들은 고객보다 우선시 하고 아껴야 한다. 직원들이 만족하는 회사라면 당연히 소비자들도 그 회사의 서비스에 대해 만족하고 있을 확률이 크다. 고객의 비위를 맞추기 위해 '고객은 왕이다' 라는 슬로건을 걸고 영업을 독촉하는 것보다 '우리 회사의 왕은 직원이다' 라는 슬로건을 걸어 직원들의 사기를 충전시켜야 한다.

회사의 주인이 된 직원들은 독려나 질책 없이도 사회 변화에 민감해질 수밖에 없다. 왜냐하면 내가 살기 위해서는 회사가 살아남아야 하는데, 그러기 위해서는 사회의 변화 흐름을 잘 읽어야 하기 때문이다.

해방 이후 정주영의 행로를 살펴보면 현대건설, 현대자동차, 현대중공업, 현대상선, 현대전자, 현대증권 등 미래를 내다보는 그의 정확하고 날카로운 직감이 그대로 드러난다. 외화를 벌어들여 이를 바탕으로 국내 경제의 발판을 만든 1960년대 그의 발상은 대단히 성공적인 것이었다. 전쟁 직후라는 국내의 척박한 상황에서

할 수 있는 유일한 돈벌이였고, 그후 외국에서 배운 기술을 가지고 국내시장에서 활용하여 건설, 자동차, 조선소 등의 굵직굵직한 사업을 하나둘 일구었다. 가히 변화의 흐름을 읽은 자만이 할 수 있는 행보였다.

그는 처음부터 좁은 국내시장보다 세계시장을 목표로 했다. 공격적인 세계시장으로 진출을 하는 글로벌 기업으로써, 내수시장 확대의 한계와 개방경제체제가 확산되고 있는 현 상황에서 무엇보다 새로운 사업기획을 획득하고, 글로벌 경쟁력을 갖추기 위해 적극적이고 도전적인 사업 진출로 '현대'가 발전하는 초석을 만들었다. 그리고 최전방에 있는 직원들과 함께 고객감동의 경영을 추구하면서 단기적인 이익보다는 장기적인 목표를 가지고 고객들의 신뢰 확보를 위해 제일주의 기업활동을 하면서 현대를 성장시켰다.

그러나 정주영이 끝내 이루지 못한 꿈이 있다. 아버지의 뜻에 따르다가 비리에 연루되어 정몽헌이 스스로 목숨을 끊었고, 현재 시아버지와 남편의 뜻을 받든 현정은이 가까스로 명맥을 유지하고 있는 대북사업은 우리 모두에게 남아 있는 과제이다. 정주영이 생전에 그토록 대북사업에 공을 들인 이유는 무엇일까? 두고 온 고향에 대한 그리움 때문이라고 말하기에 그의 계획은 너무도 원대했고 치밀했다. 특히 시베리아사업은 금강산관광을 약속하며 지금으로부터 20년 전에 김일성과 체결한 문제였다.

대북사업과 관련된 얘기는 앞에서도 많이 했으니 일단락하고, 그가 그토록 원했던 시베리아사업에 대해 잠시 얘기해보자.

그가 시베리아사업에 불을 지핀 것은 미래와 변화의 물결을 직감한 처사였음에 분명하다. 대한민국의 기술이 막 꽃피울 무렵이었으므로 수출의 통로가 관건이었을 테고 돈이 적게 들고 빠른 운송수단이 필요했을 것이다. 그는 블라디보스토크에서 모스크바를 지나 유럽까지 연계하는 수출용 기차를 만들고 싶었다. 우선 기름 한 방울 나지 않은 대한민국의 미래를 위해 세계 원유의 30퍼센트가 매장되어 있는 시베리아의 원유를 국내로 들여오기 위한 통로가 필요했다. 이는 송유관을 통해 북한을 지나 서울까지 가져온다는 계획이었다. 북한을 관통하는 송유관만 있다면 가격면에서도 훨씬 이익이었다.

자원이 부족한 우리나라로서는 대단히 환영받을 만한 일이었으나 20년이라는 세월이 지난 지금, 진전은커녕 시베리아산 천연가스를 파이프라인으로 들여오려던 계획이 높은 대가를 바라는 북한 측의 입장 때문에 사실상 무산되었다는 기사만 떠돌고 있을 뿐이다.

하지만 여기에서는 그의 뜻을 유지하지 못한 것에 대한 아쉬움보다는 당시 변화를 읽고 발빠르게 대처한 정주영의 노고에 박수를 대신하고자 한다. 기업이 사는 길은 변화의 흐름을 잘 읽고 거기에 대처하는 길임을 다시 한 번 강조하는 바이다.

●
●
●

소비자들은 늘 새로운 제품을 원하며, 기업은 그들의 입맛에 맞추기 위해 불철주야 뛰어다니고 있다. 마치 사랑이 시작되고 쇠퇴하는 호르몬의 작용처럼 제품을 보는 소비자들도 시간이 지나면 실증을 느끼고 유행에 조금이라도 떨어진다 싶으면 과감히 버리기도 한다. 기업들은 변화의 흐름을 잘 살피고, 소비자들이 무엇을 원하는지 끊임없이 연구해야 한다.

정주영의 스피드경영은 상황 판단이 빠르고 일을 추진하는 데 있어서 거침이 없기 때문에 많은 사람들의 호응을 얻었고, 더욱더 큰 기업으로 발돋움할 수 있었다. 세상에 영원히 강한 것은 없다. 다만 계속 변하고 그것에 잘 적응하는 자가 가장 강한 사람이 되는 것이다. 그런 의미에서 정주영의 환경 대처능력은 우리가 성공하기 위해 꼭 필요한 대안임을 명심하자.

10

세상일에 공짜로 얻어지는 성과란 절대로 없다. 보다 큰 발전을 희망한 모험에는 또 그만큼의 대가를 치러야 한다.

모험이 성공을 가져온다

창무극의 대가 공옥진은 남편이 경 찰이라는 이유로 한국전쟁 당시 총 살의 위험에 놓인 적이 있었다. 태어난 지 사흘된 딸아이를 안고 붓기도 빠지지 않은 몸으로 피난을 가던 중 누군가 "저기 경찰 부 인이 간다"라고 외친 말 한마디에 처형대에 묶이게 된 것이다. 그 런데 총을 쏘기 전 마지막 소원이 뭐냐는 질문에 이렇게 말했다고 한다.

"소리나 한자락 하게 해주십시오."

그의 판소리가 끝나자 붉은 완장의 사내는 재주가 아깝다며 그 를 풀어주었다고 한다. 그때 공옥진은 살아남게 된 것에 대한 안

도감에 눈물을 철철 흘리며 '이제 나를 살릴 것은 소리밖에 없구나' 라고 생각했다고 한다.

이 책을 읽는 독자들은 무엇 때문에 살고 있는가? 그리고 당신이 마지막 순간까지 잡고 싶은 것은 무엇인가? 그러한 것이 있다면 상황이 여의치 않더라도 시도해야 한다. 도전과 모험만이 당신도 살리고 기업도 살리는 길이다.

정주영을 한 마디로 단정하기란 어려운 일이나 그에게 가장 잘 어울리는 단어를 꼽으라면 바로 '모험정신' 이다. 아무것도 없는 대한민국이라는 작은 나라에서 수많은 위험과 난관을 극복하고 기회만 만나면 사업화를 시도했던 거인 정주영, 하지만 그의 모험정신은 산으로 들판으로 뛰어다니는 공상이 아니라 현실 가능하고 치밀한 계산에 의한 것이었다. 정주영은 자신의 모험정신에 대해 다음과 같이 말했다.

"불굴의 도전정신과 모험정신으로 누구나 다 성공할 수 있는 것은 아니다. 그 이면에는 치밀한 검토와 확고한 신념이 있어야 한다. 다른 사람들은 '현대' 를 모험을 하는 기업이라고들 한다. 그러나 현대는 모험을 하는 일은 없다. 왜냐하면 현대 계열기업은 어느 것 하나 실패한 경험이 없기 때문이다. 밖에서 볼 때 현대가 속단하고 창험冒險을 하는 게 아닌가 생각하는 사람도 있지만, 우리는 치밀한 계획, 확고한 신념 위에 불굴의 정신을 가지고 밀고 나가기 때문에 실패를 모르는 것이다."

세기의 엔터테인먼트로 손꼽히는 소떼몰이 방북은 50년 분단국가로 살아간 한반도에 바치는 아름다운 도전이었다.

소 얘기를 하자면 그의 어린 시절로 돌아가지 않을 수 없다. 그는 생애 네 번째 가출을 할 때 아버지가 소를 팔아 남긴 돈 70원을 가지고 도망을 쳤다. 소는 가족들의 입에 밥을 넣어줄 유일한 생계수단이었으니 그것을 가지고 도망쳤던 어린 주영의 마음도 편치만은 않을 것으로 생각된다. 농사지을 땅이 없어 늘 고생만 했던 아버지 생각에 서산 간척지가 완성된 후 "아버지에게 이 땅을 드리고 싶습니다"라고 했을 정도로 애틋했으며, 결국 노인이 된 후 직접 소를 끌고 북에 가는 것으로 어느 정도 보답이 되었다.

그는 서산에서 소를 기를 때부터 북으로 소를 끌고 갈 작정을 했고, 그것은 정치적인 통합을 이루지 못하는 한반도를 평화로 이끌겠다는 정주영의 강한 메시지가 실려 있었다. 1998년 김대중 정부 당시 실무진들이 소떼 방문을 추진하기 위해 북한에 갈 때 그가 제시한 조건은 고향인 통천을 비롯한 북한에 곡물과 소를 지원하고 가족들과 함께 방문하되, 반드시 판문점을 통과해야 한다는 것이었다.

한 편의 영화 같았던 소떼 방문은 세계인들의 주목을 받으며 무사히 마쳤고, 그와 같은 일이 계속 이어지기를 바라는 마음에서 500마리에서 1마리를 더 보탠 501마리를 가져간 정주영의 마음은 역사에 길이 남을 것이다. 그가 보여주었던 한반도의 모험은 한 편의 영화로 끝날 일이 아니다. 모험을 할 때 그가 항시 지키고자 노력했던 확실한 신념만이 이를 한층 더 성숙된 발전의 길로 인도할 것이다.

●
●
●

1998년 외환위기 당시 파산 직전의 한 기업이 있었다. 다들 나 몰라라 하는 심정이었고, 매사에 소극적인 자세로 업무에 매달리는 정도였으니 회사 내에 깔린 짙은 안개는 가실 줄 몰랐다. 그때 그 회사의 CEO가 생각해낸 것이 전 직원 백두대간 종주였다. 그리고 만 6년 만에 전 직원이 백두대간 종주에 성공했고, 현재 그 기업은 경기침체에도 불구하고 큰 성장세를 이어가고 있으며 당기순익도 650억 원대를 웃돌고 있다.

한 기업의 도전정신으로 시작한 백두대간 종주가 단순한 산행이 아니었던 것처럼, 소떼 방문도 의례적인 행사가 아닌 평화와 화해가 이 땅에 뿌리 내리기를 바랐던 정주영의 모험정신은 아니었을까?

66

나는 나 자신을 자본가라고 생각해 본 적이 없다.
나는 아직도 부유한 노동자일 뿐이며
노동을 해서 재화를 생산해 내는 사람일 뿐이다.
_ 1982년 정주영

99

1915년 강원도 통천군 송전면 아산리 출생

1934년 미곡상 복흥상회 취직

1938년 복흥상회 인수, 경일상회로 상호 변경하여 첫사업 시작

1940년 합자회사 아도서비스 공장 설립

1946년 현대자동차공업사 설립

1947년 현대토건사 설립

1950년 현대건설주식회사 대표이사 취임

1953년 낙동강 고령교 착공

1957년 한강인도교 공사 착공

1962년 단양시멘트 공장 착공

1965년 태국의 나라티왓 고속도로 공사 수주

1967년 소양강 다목적댐 공사, 현대자동차주식회사 설립, 아세아건설
　　　업자대회 우수건설상

1968년 현대자동차에서 '코티나' 생산, 우수경영자상

1969년 한국 지역사회학교 후원회 회장 피선

1969년 현대시멘트주식회사 설립

1971년 현대그룹 회장 취임, 금강개발 설립

1973년 현대조선중공업주식회사 설립

1974년 한 · 영 경제협력위원회 한국측 위원장 피선

1975년 현대미포조선주식회사 설립

1976년 한국 최초의 자동차 '포니' 생산, 사우디아라비아 주베일 산업
       항 공사, 아세아상선 설립, 현대종합상사 설립, 수출 3백만불상

1976~1997년 한 · 아랍 친선협회 회장 피선

1977~1987년 전국경제인연합회 회장, 대영제국 코멘더 장(章)

1977년 재단법인 아산사회복지사업재단 설립

1978년 서산 간척사업 착수

1979~1980년 한 · 아프리카 협회 회장 피선, 세네갈 국(國) 공로훈장

1981년 88서울올림픽 유치위원회 위원장 피선

1981년 88서울올림픽 조직위원회 부위원장 피선, 국민훈장 동백장

1982년 골든블레이드 장(章) (미국 A.A.A.會), 자이레 국가훈장

1982~1984년 대한체육회 회장

1982~1987년 유전공학연구조합 이사장

1983년 현대전자산업주식회사 설립, 경성훈장(중화민국)

1983년 한국정보산업협회 회장 취임

1985년 전국경제인연합회 회장 재선, 월계관장(룩셈부르크)

1986년 현대증권 설립

1987년 현대그룹 명예회장 취임

1987년 전국경제인연합회 명예회장 취임

1987년 한국정보산업협회 명예회장 취임

1987~1988년 재단법인 세종연구소 이사장 취임

1988년 국민훈장 무궁화장

1989~1991년 한·소 경제협회 회장

1992년 통일국민당 창당준비위원회 위원장 피선

1992년 통일국민당 대표최고위원 피선

1992년 제14대 국회의원(전국구) 당선

1992년 제14대 대통령 선거 출마

1993년 통일국민당 탈당 및 국회의원직 사퇴

1994년 한국지역사회교육중앙협의회 이사장 취임

1998년 올림픽훈장(IOC위원회), 노르웨이 왕실 공로훈장, 한국능률협
회, 한국경영대상수상, 소 501마리와 함께 판문점 통해 방북(김
정일 국방위원장 면담),

1999년 현대아산설립, 한국경영사학회 창업대상 수상, 미국 헤리티지
재단, 정주영 펠로우십 프로그램 창설

2000년 요르단 후세인 왕 평화상 수상

2001년 별세

● 자료 참고 : 정주영 명예회장 사이버 박물관